广府人联谊总会 广东省广府人珠玑巷后裔海外联谊会 广东人民出版社 合编

黄冈端砚

吴劲雄 著

南方传媒 广东人民出版社

·广州·

图书在版编目（CIP）数据

黄冈端砚 / 吴劲雄著 . — 广州：广东人民出版社，2023.11
（广府文库）
ISBN 978-7-218-17064-0

Ⅰ.①黄… Ⅱ.①吴… Ⅲ.①石砚—研究—肇庆 Ⅳ.①K875.44

中国国家版本馆 CIP 数据核字 (2023) 第 206350 号

Huanggang Duanyan

黄冈端砚

吴劲雄 著

出 版 人：肖风华

丛书策划：夏素玲

责任编辑：易建鹏　饶栩元

封面设计：亦可文化

版式设计：广州六宇文化传播有限公司
Guangzhou Liuyu Culture Communication Co., Ltd.

责任技编：吴彦斌　周星奎

出版发行：广东人民出版社

地　　址：广州市越秀区大沙头四马路 10 号（邮政编码：510199）

电　　话：（020）85716809（总编室）

传　　真：（020）83289585

网　　址：http://www.gdpph.com

印　　刷：广州市豪威彩色印务有限公司

开　　本：787mm×1092mm　1/16

印　　张：11.75　　字　　数：168 千

版　　次：2023 年 11 月第 1 版

印　　次：2023 年 11 月第 1 次印刷

定　　价：68.00 元

如发现印装质量问题，影响阅读，请与出版社（020-85716849）联系调换。

《广府文库》学术委员会

（按姓氏笔画为序）

总　序

广府文化，一般是指以珠江三角洲为中心的粤中，以及粤西、粤西南和粤北、桂东的部分地区使用粤语的汉族住民的文化，是从属于岭南文化范畴的中华文化重要组成部分。

先秦时期已有不少游民越五岭南下定居；秦朝大军征服南越后，不少秦兵留居岭南，成家立业，可以说是早期的南下移民；唐代以降，历代中原一带战乱频仍，百姓不远万里，相率穿越梅岭，经珠玑巷南下避难。这些早期的南下移民和其后因战乱而南来的流民分散各地，落地生根，开基创业。其中在珠江三角洲一带与原住民融洽相处、繁衍生息的，也就逐渐形成具有相同文化元素的广大族群，他们共同认可和传承的文化便成为多元的、别具一格的广府文化。

广府文化可圈可点的形态和现象繁多，若从中华民族发展的历史来看，广府核心地区最大贡献应该在于历代的中外交往，这种频密的交往，使近代"广府"成为西方先进事物传入中国、中国人向西寻求救国真理的窗口。西方文化是广府文化得以不断丰富和发展的重要来源，也成就了广府文化的鲜明特色。广府核心地区是中国民主革命的发源地。在近代以后，广府人与中国民主革命的关系特别密切。广府文化是中国民主革命发源于广东、广东长期成为中国民主革命中心地区的重要基础，而革命文化又成为广府文化最为耀目的亮点之一。孙中山和他的亲密战友们的著作、思想，以及康梁的维新思想从广义看来也应属民主革命思想范畴，他们的思想形成于广府地区，同样是讨论广府文化应予重视的内容。近代广州，是马克思主义早期传播的重要地区，又是中国共产党早期活动的重要舞台，可见广府文化与红色文化一直存在着千丝万缕的特殊关系。

上述数端，都是讨论广府文化时应予优先着眼的重中之重。

广府文化中的农耕文化也很值得称道。广府农耕文化是广府人的先祖为后人留下的一笔具有重大价值的遗产。曾经在珠江三角洲，特别是顺德、南海一带生活过的上了年纪的广府人，大都应该记得自己少小时代家乡那温馨旖旎的田园风光吧？昔日顺德、南海一带，溪流交织如网，仰望丽日蓝天，放眼绿意盈畴，到处是桑基、鱼塘、蕉林、蔗地。人与大自然的和谐相处，在这片平展展的冲积平原上表现得再鲜明不过了。从前人们在这里利用洼地开水塘，养家鱼；在鱼塘边种桑，用桑叶饲蚕；又把经过与鱼粪混凝的塘泥，戽上塘边的桑基作肥料培育桑枝，成熟的桑叶又成为蚕儿的食粮。真是绝妙的废弃物循环再利用！从挖塘养鱼到肥鱼上市；还有桑葚飘香、蚕茧缫丝的整个过程，就是一堂生动而明了不过的农耕文化课。那是先祖给子孙们一代复一代上的传统农耕文化课，教育子子孙孙应当顺应物质能量循环的规律进行生产。这千百年来不知道曾为多少农家受益的一课，如今已在时代进程中，在都市文化和时尚文化的冲击、同化与喧嚣中逐渐淡化以至消隐了，但先祖那份遗产的珍贵内涵，还是值得稳稳留住的，因为"人与自然的和谐相处"，永远是我们必须尊重、敬畏和肃然以对的课题。

广府人，广府事，古往今来值得大书特书者不知凡几！

广府人的先民来自以中原为主的四面八方，移民文化与原住民文化日渐相融，自然形成了异彩纷呈的多元性文化。例如深受广府地区广大观众喜爱的粤剧，就是显著的一例。据专家考究，粤剧是受到汉剧、徽剧以及弋阳腔、秦腔的影响而成为独具特色的剧种的。孕育于辛亥革命前后的广东音乐（亦称粤乐）也是突出的一例。这种源于番禺沙湾，音调铿锵、节奏明快的民族民间乐曲，也是历史上来自中原的外来音乐文化与广府本土音乐文化相结合，其后又掺入了若干西洋乐器如提琴、萨克斯管（昔士风）等逐渐衍变和发展而成的音乐奇葩。

在教育和学术领域方面，历史上的广府也属兴盛之区，宋代广府即有书院之设；到了明代，更是书院林立，成效卓著。书院文化也堪称广府文化中炫目的亮点。湛若水、方献夫、霍韬等分别在南海西樵山设立大科、石泉、四峰、云谷四大书院讲学，使西樵山吸引了各地名儒，一时成为全国瞩目的理学名山，大大提升了岭南文化品位的高度。到了明神宗时期，内阁首辅张居正厉行变法革新运动，民办书院一度备受打压。其后，也因民办书院的办学宗旨和教学方针并非以统治者的意志为皈依，故仍常被官府斥为异端，频遭打压，但民间创办书院的热情依旧薪火相传。清乾隆五十四年（1789），南海西樵名士岑怀瑾于西樵山白云洞内的应潮湖、鉴湖、会龙湖之间倡办的三湖书院，名声远播、成效甚著，可见当时民办书院的强大生命力未因屡遭打压而衰颓。康有为、詹天佑、中国近代民族工业的先驱陈启沅、美术大师黄君璧与有"岭南第一才女"美誉的著名诗人、学者冼玉清都是从三湖书院出来的名家。

清代两广总督阮元在广州越秀山创办学海堂书院，其后朝廷重臣、洋务运动的重要代表人物张之洞，又设广雅书院于广州，这两所书院引进了若干西方的教育理念，培育了一批新式人才，在岭南教育事业从旧学制到新学制转型的过程中起了不容低估的积极作用。这都是很值得予以论述的。

广府在史上商业发达，由于广州曾长期作为中国唯一合法的对外贸易口岸，因而商贸繁盛，经济发达。十三行独揽中国对外贸易法定特权达 85 年之久。十三行商人曾与两淮盐商和山陕商帮合称中国最富有的三大集团。如此丰厚的商贸沃土，孕育出许多民族企业家先驱和精英，也就是顺理成章的了。马应彪、简照南、利希慎、何贤、马万祺、何鸿燊、霍英东、郑裕彤、李兆基、吕志和等，就是其中声誉卓著的代表人物；在改革开放大潮中涌现的英杰奇才，更是不胜枚举。广府籍的富商巨贾和华侨俊杰，在改革开放的伟业中表现出来的爱国热忱、赤子情怀感人至深。他们纷纷以衷心而热切的行动，表现对改革开放的拥护和支持，为祖国的各项社会主义建设事业不惜投巨资、出大力，作出了有目共睹的巨大贡献。

广府地区在文学艺术方面也是英才辈出，清初"岭南三大家"屈大均、陈恭尹、梁佩兰享誉全国；近人薛觉先、马师曾、千里驹、白驹荣、红线女等在粤剧界各领风骚；高剑父、高奇峰、陈树人高举"岭南画派"的大旗，为岭南绘画艺术的创新和发展另辟蹊径；冼星海的组曲《黄河大合唱》，以其慷慨激昂的最强音，气势磅礴，有如澎湃怒涛，大长数亿中国人民的志气和威风，鼓舞不愿做奴隶的人们敌忾同仇，在抗日战争中横眉怒目，跃马横刀，终于使入侵的暴敌丢盔弃甲，俯伏乞降……中国的近现代史，不知洒落过几许广府人的血泪！百年之前，外有列强的迫害和掠夺，内有反动统治者的欺压和凌虐。正是那许多苦难和屈辱，催生了广府人面对丑恶势力拍案而起的勇气，他们纵然处于弱势，仍能给予暴敌以沉重打击的悲壮史实，足以使人为之泫然。清咸丰年间，以扮演"二花面"为专业的粤剧演员鹤山人李文茂，响应洪秀全号召，率众高举反清义旗，占领三水、肇庆，入广西，陷梧州，攻取浔州府，改浔州为秀京，建大成国；再夺柳州，称平靖王。19 世纪中叶那两场以鸦片为名的战争，向侵略者认输的只是大清朝廷龙座上的道光皇帝和咸丰皇帝；而让暴敌饱尝血的教训的，却是虎门要塞的兵勇和三元里的农家弟兄。他们以轰鸣的火炮、原始的剑戟以至锄头草刀，把驾舰前来劫掠的强盗们打得落花流水。1932 年，十九路军总指挥东莞蒋光鼐、十九军军长罗定蔡廷锴，率领南粤子弟兵，与入侵淞沪的日军浴血苦战，以弱胜强，以少胜多。那撼人心魄的淞沪抗日之战，不知振奋过多少中国人民！在强敌跟前，不自惭形秽，不自卑力弱，真可谓广府人可贵的传统风格。试想想，小小一名舞台上的"二花面"，居然敢于揭竿而起，横眉怒目，与大清帝国皇帝及其千军万马真刀真枪对着干，那是何等气概！何等胸襟！何等情怀！

那许多光辉的广府人和广府事，真足以彪炳千秋，自应将之铭留于青史，以敬先贤，以励来者。

岭南文化的典型风格是开放、务实、兼容、进取；广府民系的典型民风是慎终追远、开拓奋斗、包容共济、敢为天下先。这都是作为广府人应该崇尚和发扬的光荣传统。为何广东成为民主革命的策源地？为何广东在改革开放大潮中成了先行一步的排头兵？为何经济特区的建立首选在南海之滨……这些都可以从上面的概述中得到合理的解释。

以上只不过是信手拈来的三数显例而已，广府文化万紫千红，郁郁葱葱。说工艺园林也好，说民俗风情也好，以至说建筑、说饮食、说名山丽水……都言之不尽，诉之不竭。流连其间，恍如置身于瑰丽庄严的殿堂。那岂止是身心的享受，同时还仿佛感受到前贤先烈们浩然之气渗入胸襟，情怀为之激越无已。

广府！秀美而又端庄的广府！妩媚而又刚毅的广府！历经劫难而又振奋如昔的广府！往事越千年，这里不知诞生过几许英杰，孕育过几许豪贤！在她的山水之间，也不知演出过几许震古烁今的英雄故事！我们无限敬爱的先人，在这四季飘香的热土上所创造的精神财富和物质财富，其丰硕繁赡是难以形容和无法统计的。那一切，都是无价之宝啊！要不将之永远妥善保存和传承下来，那至少是对广府光辉历史的无视和对先祖的不恭。

基于此，广府人联谊会与广东人民出版社决定联合出版《广府文库》丛书，用以保存和传承老祖宗所恩赐的诸多珍贵遗产。我们将之作为自己肩上的光荣责任和必须切实完成的庄严使命。

《广府文库》的出版宗旨，在于传承和弘扬广府文化、广府民系的正能量，力求成为一套既属文化积累，又属文化拓展，既有专业论著，又能深入浅出、寓学术于娓娓言谈之中的出版物，高度概括和总结具有悠久历史的广府民系风貌和广府文化精粹，传而承之，弘而扬之，使之在社会主义建设，在中华民族的伟大复兴过程中起应有的积极作用。选题范围涵盖有关广府地域的各方面；出版学术界研究广府文化的高水平专著，以及受广大读者欢迎的有关普及读物；同时兼顾若干经典文献和民间文献的出版，使之逐步累积成为广府文化研究不可或缺的知识库和资料库，以"整理、传承、研究、创新"为基本编辑方针。《广府文库》内容的时间跨度无上下限。全套丛书计划出版100种左右，推出一批具有较高学术价值的原创性论著，以推动广府文化学术研究的创新性发展。内容避免重复前人研究成果、与前人重复的选题，要求后来居上，做到"借鉴不照搬，挖掘要创新"。选取广府文化史最为经典、最具代表性的部分，从具体而微的切入口纵深挖掘，写细写透，从而凸显广府精神的内核和广府文化的神髓，积跬致远，逐步成为广受欢迎和名副其实的文化宝库。

2021 年 12 月

目录

绪论：黄冈砚之薮，人人割紫云

广府文库

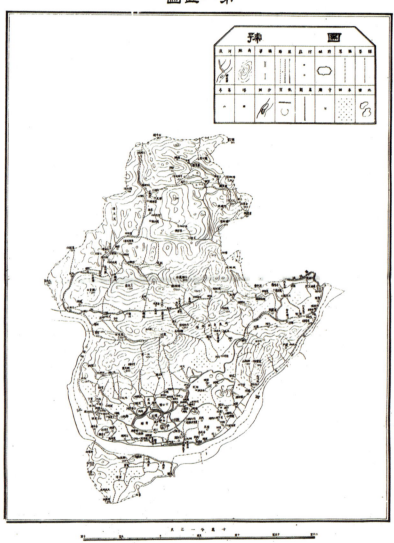

高要县第一区图（《高要县志》）

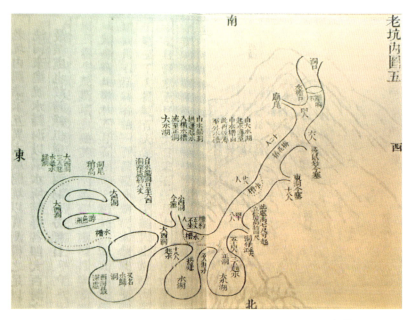

老坑旧洞口

老坑内图

3

烂柯山远眺

羚羊峡

伍丁宝诞巡游

中国端砚展览馆

中国砚村

中国古代有所谓"文房四宝"之说，具体指笔墨纸砚四样书画用具。其中，砚用于研墨。1932年殷墟第七次发掘中，出土有研磨朱砂的石臼和调色的砚盘。汉代，人工制墨出现以后，砚的形制日趋多样化，有圆形、长方形、风字形等。就材质而言，有石砚、陶砚、漆砚、铜砚等。广州西汉南越王墓出土的文物中，即有石砚、研石和墨丸。唐宋时，涌现出一批不同材质的优质砚，如端砚、歙砚、洮砚、澄泥砚等。此后，砚的造型工艺越来越精美，到明清时，砚逐渐演变为集绘画、诗文、雕刻于一体的艺术欣赏品。

文房四宝中，砚的地位排在最后。时至今日，砚台也基本成了摆设，多数写字的人更常用的是墨碟和水碟。但在近代发明墨水笔之前，砚台是中国人写作和书画创作不可或缺的工具。相传王羲之所作之《题卫夫人〈笔阵图〉后》，可能是最早将笔墨纸砚四者相提并论的著作。文章用作战来比喻书法艺术，笔墨纸砚扮演不同的角色："纸者阵也，笔者刀鞘也，墨者鍪甲也，水砚者城池也。"城池在战争中可抵御敌军，也可为己方提供给养，重要性不言而喻。将砚比作城池，可见其地位之重。

在砚台的发展史上，有"四大名砚"之说——端砚、歙砚、洮砚、澄泥砚。四大名砚皆以产地命名，端砚主要产地在今广东肇庆，歙砚主要产地在今安徽歙县，洮砚主要产地在今甘肃卓尼县，澄泥砚主要产地在今山西新绛县。其中，端砚长期被视为砚中名品，金庸小说《鹿鼎记》开篇讲湖州《明史辑略》时，就介绍道："湖州之笔、徽州之墨、宣城之纸、肇庆端溪之砚，文房四宝，天下驰名。"①

端砚之得名，可追溯至唐代，其时多以"端州石砚""端溪紫石砚"等指代。如刘禹锡《唐秀才赠端州紫石砚以诗答之》有"端州石砚人间重"②。所谓"端州"，是隋至北宋时期一个地名，辖境相当今广东肇庆、德庆、云浮、新兴与佛山高明等市、县、区。据文献记载，端州置于隋开皇九年（589），以境内端溪而得名，治所在高要县（今肇庆市）。而高要县之设，始于西汉元鼎六年（前111），是广东省最古老的县之一。高要境内有高峡山，其下有高要峡（又名羚羊峡），故以为名。横贯云南、贵州、广西、广东多地的西江，汹涌澎湃，自西往东，流经肇庆全境。端州古城河段有西、东二峡，西为小湘，东为羚羊，二峡崇高并峙，江水尤为湍急。

端砚之产生与肇庆的自然条件密不可分。端州古城，西江横贯于东南，北岭耸起于西北，带山控江，气势磅礴，地理条件十分优越，俨然独成一方乐土。北岭山高近千米，自西徂东，延袤百里。较之东南江边的羚羊、烂柯两山，不无遮云盖日之势。肇庆地处北回归线之上的北温带，"气候和暖，严冬无冰雪，花木茂盛"③，地势高低错落，常年雨水充足。雨季来临时，北岭山上的雨水倾盆如注，一方面覆满了山上的溪谷，形成山顶湖泊，鼎湖山之上的"顶湖"就是主要通过这种方式形成的。另一方面，山上不能容纳的多余雨水，则顺着山势往下倾注，流泻在端州古城四周的低洼地里，经过长年累月的积聚，形成一片广袤的沥湖。

---

① 金庸：《鹿鼎记（新修版）》，广州出版社2013年版，第22页。

② 刘禹锡撰，瞿蜕园笺证：《刘禹锡集笺证》卷二十四，上海古籍出版社1989年版，第684页。

③ 陈文和主编：《嘉定钱大昕全集》第一册《钱辛楣先生年谱》，江苏古籍出版社1997年版，第25页。

沥湖之上，恰好有白岩石山点缀其间，此起彼伏，错落有致，最著名的莫过于七星岩，是历来入端文人墨客、达官名宦必到的游览之所。众山之上，摩崖石刻星罗棋布，唐代李邕、李绅，宋代包拯、周敦颐，明代王阳明，清代陈恭尹、屈大均等著名学者、官宦，留下了数量众多的珍贵石刻。

北岭山、七星岩亦产端砚。北岭山砚石多呈紫色，后人多称为"宋坑"。七星岩砚石基本为白色，是为"白端"。白端以洁白无瑕著称，但质地较一般砚石硬，宜朱砂而不宜墨。不过，白端以其洁净坚硬的材质，比较适合制成屏风、石玩，不仅闻名国内，还扬名海外。康熙年间西洋某国国王建造宫殿，也想得到七星岩的白端石作为建筑材料，只不过他的想法并没有实现。[1]一般的砚石，多为红褐色，正如苏轼一篇砚铭所云：色如"马肝"[2]。不过，世人亦多以"紫云"代指端砚，而不仅仅指北岭山的紫色砚石。如唐代著名诗人李贺在《杨生青花紫石砚歌》中便将端砚称为"紫云"：

端州石工巧如神，踏天磨刀割紫云。[3]

此外，肇庆还有绿色的端砚，称为绿端。宋代王安石写有《元

---

[1] 郝玉麟：雍正《广东通志》卷五十二《物产》："康熙甲子，西洋国王造宫殿，求此石以为阶砌。因关系肇庆龙脉，不允其请。其见真珍于外国如此。"岭南美术出版社 2009 年版，第 1658 页。

[2] 苏轼撰，孔繁礼点校：《苏轼文集》卷十九《故人王颐有自然端砚砚之成于片石上稍稍加磨治而已铭曰》："其色马肝，其声磬，其文水中月，真宝石也。"中华书局 1986 年版，第 555 页。

[3] 李贺著，吴企明笺注：《李长吉歌诗编年笺注》卷二，中华书局 2012 年版，第 155 页。

珍以诗送绿石砚所谓玉堂新样者》①的诗篇，对绿端有详细的描绘。由于绿端质地较软，可塑性强，后来多被制成屏风或茶盘等物件，以供日常使用和把玩。

黄冈砚村

曾游历肇庆的清代桐城诗人方登峄，在其《端州采砚行》"日役黄冈数十人"诗句下自注称，"黄冈去端州十里，村人以取砚为生，此砚薮也"②，明确指出黄冈是肇庆生产砚石的聚集之地。崇祯《肇庆府志》也指出："砚出高要之东黄江乡，居民千家，采石制砚为业。"③

黄冈，亦作黄江，今作黄岗，是对同一地方的不同称谓。明末清初广东著名学者屈大均《黄冈》诗亦自注称："黄冈在羚羊峡西，村人以采岩石为业，凡有五百余家。"④由此可见，端州名产端砚，砚石出自羚羊峡，而制作在黄冈，砚市则在天宁寺前水街，黄冈是端砚最为集中的出产地。

关于黄冈的地理位置，明清《肇庆府志》《高要县志》均有记载，以道光《高要县志》记载最为准确：端州城"东十五

---

① 王安石著，李壁注，高克勤点校：《王荆公诗笺注》卷三十五《元珍以诗送绿石砚所谓玉堂新样者》："玉堂新样世争传，况以蛮溪绿石镌。"上海古籍出版社2010年版，第880页。

② 方登峄：《述本堂诗集·依园诗略》，《清代诗文集汇编》第202册，上海古籍出版社2010年版，第22页。

③ 陈鋆、陈煊奎等纂修：崇祯《肇庆府志》卷十《地理志三》，中华书局2019年版，第324页。

④ 屈大均：《翁山诗外》卷八，欧初、王贵忱主编：《屈大均全集》第一册，人民文学出版社1996年版，第646页。

里曰黄江都"①。明朝在乡村基层社会推行乡都制，即县下分乡，乡下分都，都下分村。黄江都一图，又有黄江村。这个黄江村，即端砚产地。黄江村内，民国时期有"黄冈上七坊：利民、惠福、大德、东隅、陈东、隅梁、兹日。黄冈下三坊：宾日、太宁、阜通"②。后来，原黄江都片区组建为新的黄岗镇。《肇庆市端州区志》也明确指出："黄岗镇是端砚发祥地。"③ 时至今日，端砚产地依然集中在原来黄冈村周边区域，以白石、宾日两村最为兴盛。

黄冈村发展砚业，与端州产砚石而该村又靠近优质砚坑有关。黄冈村地处峻峭的羚羊峡西岸，北靠羚羊山，南濒西江河，与羚羊峡东岸的砚坑一江之隔，再没有其他地方比这里更适合采石、运输、加工，而又便干到端州城售卖的了。其实，黄冈村不仅制砚，一应石器亦在其业务范围之内。黄冈从事石器制作，与肇庆府城所在的地理位置有莫大关系。屈大均《黄冈》诗曾指出："黄冈村最好，斜对水岩开"，"村小当高峡，家家拥石林"，"此地耕桑少，人人割紫云"。④ 斜对水岩开，所以能家家拥石林。因为耕地少，所以人人割紫云，从事制砚行业。民国二十七年《高要县志》卷十一《食货篇二·实业》对此有更详尽的解释：

> 境内山多田少，且惠水旱，故农恒劳苦，秔稻之外，近山者兼务林业，近泽者兼务副产，或佃渔或园圃，或蚕桑，

① 夏修恕、屠英修、何元等纂：道光《高要县志》卷三《舆地略一》，中华书局2019年版，第29页。
② 梁赞燊等纂修：民国三十七年《高要县志》卷二《地理》，中华书局2021年版，74页。
③ 黄小红主编：《肇庆市端州区志》，方志出版社2012年版，第153页。
④ 屈大均：《翁山诗外》卷八，欧初、王贵忱主编：《屈大均全集》第一册，第646页。

资以补救。……黄冈以石工著名，雕刻印刷多。①

明时，肇庆府城所在的地方，山多田少，且近西江，水患较多，不利于粮食种植。居民靠山吃山，靠水吃水，务农之余，利用各种便利条件，兼营林、渔、园、桑，作为粮食不足的补救。黄冈村附近有林有渔，但更有其他地方所无的砚材、石材，于是居民多以石器雕刻为副业。雍正《广东通志》指出："石器出高要黄江，各器俱有，制作精巧。"②黄冈村民享山岩之利，以石为生，不仅雕琢砚台，还制作各种日用器具。这些石器精美、耐用，远销国内外，利润十分丰厚。自宋朝以来，石器行业对黄冈村的发展具有举足轻重的作用。不过，厚利易生奸巧，石家不无售假欺诈的伎俩，以获余羡。明末，当地工匠多有仿制"蓬莱""兰亭""宣和"等宋代名砚者，这些仿制砚主要供应好附庸风雅但无品鉴能力的上层人物，往往能以高价出售。乾隆三十五年（1770）任广州府知府的大学者赵翼也发现了这种套路，在其《端溪》诗中进行了描写，不无叹息、惋惜之意："黄冈村民家卖砚，乃是赝质欺愚蒙。我闻其言一笑呵，此州官场物力夥。"③在社会动荡、文教式微的时期，社会对砚石的需求减少，购买能力也有所下降，黄冈村的村民多以日常石器制作为生。当文运昌盛，则主力制作端砚。

---

① 马呈图等纂修：民国二十七年《高要县志》卷十一《食货篇二》，中华书局 2021 年版，第 609 页。
② 郝玉麟：雍正《广东通志》卷五十二《物产》，第 1662 页。
③ 赵翼撰，李学颖、曹光甫校点：《瓯北集》卷十八《端溪》，上海古籍出版社 1997 年版，第 368 页。

羚峡风土

黄冈村周边历史古迹颇多，有庙宇、圩、汛、渡、端砚行公所等，历史文化底蕴深厚。目前有记载最早的黄冈古迹，当推黄冈都羚羊山上的峡山寺。峡山寺又名羚山寺（亦作岭山寺），在羚羊峡口，唐天宝二年（743）建，黄巢攻打岭南地区时毁于战火。明天启七年（1627），知县汪渐磐建复。寺旁还有关圣祠、香涧庵、堤庵，俨然一方净土。这些庙宇今已不存，幸而初唐著名诗人沈佺期被贬岭南经过端州羚羊峡时，写下了千古名作《峡山寺赋》，我们得以通过该义领略羚羊峡的风姿：

> 峡山寺者，名隶端州。连山夹江，颇有奇石。……峡山精舍，端溪妙境。中有红泉，分飞碧岭。[④]

端砚在唐代声名鹊起，不知道沈佺期经过端州时是否有留意过。其赋中"颇有奇石"的描写，不知道是泛指山石外形奇峻还是指内有独特的砚石。不过，沈佺期所关注的奇石，与黄冈的石器行业不无暗合之处。晚唐著名诗人许浑，是名句"山雨欲来风满楼"的原创者。他的另一诗句"唯应洞庭月，万里共婵娟"，启发苏轼创作出"但愿人长久，千里共婵娟"。许浑曾在岭南任职，某年从广州经西江往新兴县公干，途经肇庆峡山寺，并作《岁暮自广江至新兴往复中题峡山寺四首》，其三写道："洞丁多斫石，蛮女半淘金。"[⑤] 显然，峡山寺附近的"石"不是一般的石，

---

④ 沈佺期：《峡山寺赋》，《全唐文》卷二百三十五，中华书局 1983 年版，第 2375 页。
⑤ 许浑：《岁暮自广江至新兴往复中题峡山寺》，《全唐诗》卷五三七，中华书局 1999 年版，第 6180 页。

而是值得加工的各种石材、石器，当然也包括砚石。

据沈佺期《峡山寺赋》中"过渡口，至山顶"的记载，此时黄冈村应已有渡口。渡口的出现，便于黄冈村民渡江采石和运输，对端砚发展不无促进作用。民国时期，在原有渡头的基础上，修建了黄冈圩码头①，交通贸易往来更为便利。宣统年间，黄冈设立了具有行会组织性质的"黄冈乡端砚行"②、"黄岗凿石行"③，端砚的生产、发展、传承、组织，得到了更多的、更规范的、能与时俱进的保障。

为了祈求端砚行业发展昌旺，黄冈村砚工自古就尊奉"五丁"（或称"伍丁"）为端砚师祖。五丁，出自东晋常璩《华阳国志》："蜀有五丁力士，能移山，举万钧。"④也就是五个力大无比能凿石开山的壮士，被后世神化为强壮、勇敢的开山之祖。黄冈村的五丁信仰，渊源应该与此有关。两者之间有较多共同之处：都在山上从事凿石工作，都需要强健的体魄完成繁重的任务。据骆礼刚等著的《紫玉生辉——肇庆端砚》，黄岗现存三块"五丁"神牌：宾日村两块，写作"伍丁"；白石村一块，写作"五丁"。⑤每年四月初八日（俗称沐佛节）为"伍丁诞"，黄冈各砚村都会举行大规模的祭祀、巡游、拜师等庆祝活动，共同祈求端砚业发展兴旺。2022年，肇庆市的"伍丁诞"被列入广东省第八批非物质文化遗产代表性项目名录，得到社会各界的重视和认可，活

---

① 梁赞燊等纂修：民国三十七年《高要县志》卷十八《交通》，第800页。
② 马呈图等纂修：民国二十七年《高要县志》卷二十四《金石篇三》，第1519页。
③ 陈羽：《端砚民俗考》七《端砚业的行会、行规》（一）《行会》："据调查，黄岗历史上曾有两个行会：凿石行和端砚行。"文物出版社2010年版，第132页。
④ 常璩撰，刘琳校注：《华阳国志校注》卷三《蜀志》，巴蜀书社1984年版，第185页。
⑤ 骆礼刚、陈羽、任漫丛、王建华：《紫玉生辉——肇庆端砚》，广东教育出版社2013年版，第223—225页。

动更加隆重，传承更加规范，形式更为多样，民众参与度更高，共同守护着端砚行业的长远、稳定发展。

黄冈砚村除了信奉"伍丁"、将"伍丁"奉为端砚行业祖师爷之外，还将文昌信仰融入其中。文昌主管文运，寓意文教昌盛、文运亨通。端砚作为文房四宝之一，文运兴旺必然带动其社会需求，端砚就能得到稳健发展。纵观端砚的发展进程，黄冈砚村的砚工对这一点是有十分深刻的体会的。也就是说，世运的浮沉升降关系着黄冈的聚散兴衰。换言之，黄冈砚业的发展态势也是社会发展的重要体现。

端砚隆升

端砚闻名于唐，擅名于宋，全盛于明清。至于民国，则又走向衰亡的边缘。直到 20 世纪 80 年代，才又重新振起，逐步恢复原有规模，受到社会各界的关注和重视。可以说，端砚的发展，或者说黄冈的聚散兴衰，与唐代以来世运的浮沉升降，尤其是文化的昌明宏达关系密切。《紫玉生辉——肇庆端砚》亦明确指出："文运依赖于国运，作为与文运休戚相关的端砚，无疑折射出国运的兴衰。"[1]

唐代之前及唐初，文房主要使用瓦砚、陶砚，石质的端砚无其用武之地。唐代大学者、书法家柳公权曾评论当时各种砚的优劣，"以青州石末为第一"[2]。青州在今山东，石末即石末砚，是一种将碎石研磨澄滤得到细末，然后经模压烧制而成的陶砚，

---

① 骆礼刚、陈羽、任漫丛、王建华：《紫玉生辉——肇庆端砚》，第 192 页。
② 刘昫：《旧唐书》卷一百六十五《柳公权传》，中华书局 1975 年版，第 4312 页。

是陶砚中的佼佼者，被柳公权誉为"砚中第一"。可知当时石砚还不流行，还未受到文人雅士的青睐，或者说石砚的优点还没有真正被挖掘出来。随着唐代科举制度的完善和发展，社会各界的习文、应试之风渐起，增加了对文房用具的需求，全国各地各种材质、各种形制的砚台亦蜂拥而出。材、形兼佳而且利墨实用的端砚，就在此时脱颖而出，一跃而为全国四大名砚之一，成为大家争相竞购的文房佳品。而恰好在此时，端州下辖的封川县（今封开县），走出了一位制科状元莫宣卿，他也是岭南地区的第一位状元，端州之名顿时四海皆知，广受社会各界关注。在唐代还属"蛮荒之地"的岭南，是朝廷流放大臣的主要地区。宰相张说、魏元忠、李绅、杨收，诗人沈佺期、宋之问等，或贬至端州，或赴谪所经过端州，或在州署治事，或登临赋诗，无不给偏处蛮荒的端州带来了先进的中原文明，还增加了全国各地认识端州的途径和机会。换言之，端砚的兴起、发展，与唐人用砚习惯的转变、科举制度的兴盛、名宦诗人的贬谪有很大关联。

宋代是民间艺术高度发展的社会，重文教、尚文风成为社会的主要风气和潮流。这时的端州，已不再是往时的荒蛮贬谪之所，社会发展已颇具规模。民间有"包青天"之誉的包拯、宋代理学思想的开山之祖周敦颐，先后在端州任职、在端州办事。经过唐代的长期发展，端砚已成为朝廷贡品，包拯以"不持一砚归"让自己和端砚清誉远播，周敦颐亦以惩治疯狂搜刮端砚的端州知州杜谘而享誉朝野。

北宋后期，端州成了端王赵佶的封地。机缘巧合下，他登基成为宋徽宗。赵佶认为端州为他带来吉庆，于是改端州为肇庆，升格为府。恰好赵佶也是一位艺术家皇帝，书法、绘画，样样精通。出产端砚的端州又是他的封地，可谓权力与贡砚相得益彰，佳砚得来毫不费工夫。宋徽宗下令"降样造形"，即由朝廷确定样式，砚工按样制造，穷极人力、物力开坑制砚。所得名砚，多不胜数，徽宗亦随所好赠送给大臣文士。于是，端砚之物、端砚之名亦随之而名扬天下，天下文人已无不知有端砚者。在此之前，宋代书画家米芾（1052—1108）亦曾亲临肇庆访砚，著有《砚史》。宋代大文豪苏轼被贬岭南时，亦极有可能踏足过肇庆，写下了众多真实、生动、形象的端砚诗、端砚铭、端砚典故。宋代肇庆虽未出状元，但是南宋状元黄公度曾任肇庆通判约八年之久，其诗文中不无肇庆风物的描写。端砚在宋代可谓发展到顶峰，砚材更加讲究，形制也更加丰富多样，雕刻也更加精美细致。不过，无可讳言，宋徽宗无节制地大开砚坑，也对肇庆的砚石资源造成极大的破坏。当时所开的很多砚坑，到了后世几乎已无砚材可挖。大批砚工亦因此葬身岩下，无复再见天日。

元代外族入主中原，不重视文教，科举考试一度废止，恢复的时间较短，整个社会文风疲弱，民众忙于生计，文房笔砚需求不多，端砚发展受挫。

明中后期，两广总督府移驻肇庆，肇庆成为两广地区最高权力机构的驻地，政务往返，工商贸易，此来彼往，络绎不绝。虽无明文记载明代儒宗王阳明、沟通中西文化第一人的利玛窦在肇庆逗留期间写过与端砚有关的作品，但是明代理学开创者陈献章曾多次莅临此地，亲自到砚坑考察，与砚工交流，访寻佳石，写了不少歌咏端砚的诗篇。肇庆成为南明永历政权的主要驻地之一，众多著名学者如王夫之、黄士俊等曾追随永历帝，在肇庆抵抗清军。明代肇庆虽亦无状元出现，不过黄士俊是万历年间的状元，写过与肇庆有关的许多文章。此时的端砚制作技巧日臻成熟，雕饰也日益精致、繁复，尺寸也越来越大，有从案台研磨向摆设、装饰发展的趋势。而砚坑、砚材的搜寻也渐成规制，占有资源、开坑采砚成为达官贵人在肇庆权力角逐的焦点。清代李兆洛《端溪砚坑记》对此做过分析：

> 凡坑但砚肆有力者，即可募工开采，不请于官。老坑则必制府、抚军主之乃开，麻子坑则知县得主之。[1]

前有太监竭民力开坑讨好朝贵，砚工为之丧命坑下者不知多少！后有两广总督熊文灿，贪得无厌，却又畏于舆论，不敢日间公然开采，偷偷于夜晚挖掘，又不顾纹理开凿，毁坏甚多。其所开砚坑，被民众讥讽为"熊坑"。明代叶春及纂万历《肇庆府志》时指出："夫有尤物，皆足厉民。正统后，采砚之使不至，人直砺视之。"[2]端砚固为上天惠赐给肇庆的珍宝，但是如果当权者只为争权逐利，而罔顾民众安危、地方治乱，宝物反而会变成妖物，危害百姓，扰乱社会。

清乾隆年间，两广总督府虽从肇庆移驻广州，但并不影响各路权贵、名人学者仍频繁往来于肇庆。究其原因，这多少与肇庆不时开坑取砚有关。清代开砚坑虽然还是当权者的专利，但是权贵已不如明代那么专断，更加顾及民意。每当开坑，多制定章程，并勒有石碑，如两广总督张之洞就曾立《开采砚石扎文碑记》[3]。开坑也不仅只为权贵享用，逐渐具有社会赈济的性质，如道光十三年（1833）肇庆发大水，又有台风，"堤决殆尽，坏庐舍无算。

---

① 李兆洛：《端溪砚坑记》，《端溪砚考集成》，岳麓书社2015年版，第253页。
② 郑一麟修，叶春及纂：万历《肇庆府志》卷十二《赋役志二》，中华书局2021年版，第254页。
③ 马呈图等纂修：民国二十七年《高要县志》卷二十四《金石篇三》，第1519页。

是冬，肇庆人民请于总督涿州卢坤，开坑采砚，以工代账"[1]。同时，清代不时开坑，对吸引寓贤来肇庆具有举足轻重的作用。在端溪书院，先后任山长的有著名学者全祖望、何梦瑶、冯敏昌、林召棠、梁鼎芬，他们任职之际，多为名坑开采之时。另有杭世骏、朱彝尊、潘耒、袁枚、赵翼、钱大昕、屈大均、陈恭尹、黄培芳等一批著名学者，或因公务，或因访友，或因游历，而逗留肇庆亦在名坑开采之际。其中，任端溪书院山长十多年之久的林召棠，更是道光年间的状元。他们的作品中，有不少端砚的记载和歌咏，是清代端砚文学的重要来源。与此同时，几乎每一次名坑的开凿，都有一部端砚著作面世，这对端砚文献的整理、搜辑、研究有极大推动作用。这些著作，多被广陵古籍刻印社收入 1990 年出版的《端溪砚考集成》，收入的共有十一种之多。这种做法，不仅使端砚作品得到更广泛的传播，也让端砚工艺得到稳步提升，端砚的名气也越来越大。因此，清代端砚制作达到了一个新的高度，超越了之前的任何一个朝代，堪称全盛时期。不过，一些关注端砚发展的官员、学者、砚工、民众也逐渐意识到，砚石资源有限，不可再生，应该适度开采，不可任意毁坏。否则，石尽则端砚行业无以为继，无异于断送前路。

清末，科举制度被废除，同时，西方现代书写文具大量传入，从根本上改变了民众的书写习惯，端砚的受众范围变得越来越小，端砚行业逐渐走向式微。《高要县志》曾对端砚行业衰败的原因做过分析，并对端砚出路作了探究。[2]科举废止，洋货涌入，工艺陈旧，缺乏专门制作场所和陈列馆，面对千年不遇之大变局，

[1] 马呈图等纂修：民国二十七年《高要县志》卷二十五《旧闻篇一》，第1593页。
[2] 马呈图等纂修：民国二十七年《高要县志》卷十一《食货篇二》，第609页。

端砚行业逐渐走向衰落。不过，石器雕刻销路还是比较畅通，受到影响并不算大。而且，《高要县志》还关注到，虽然端砚在国内受到各种冲击，但是日本婚礼之上，双砚必不可少，不失为一种需求。另外，端砚振兴之路，不仅仅关乎端砚自身，还与文艺复兴息息相关。端砚就是在中国传统文化滋养下产生的工艺杰作。世运隆升，文运陟降，端砚亦随之浮沉。文教昌盛，端砚必然受益。确实，经过几十年行业低迷之后，黄岗镇一带通过各种形式组建了大量端砚厂，聚集了各方砚工及工匠，他们积极思考，勤奋工作，在提高技艺水平的同时，积极寻求外销日本之路，终于在大家的共同努力下，肇庆的端砚业重振旧日雄风，欣欣向荣，发展昌盛。2006 年，"端砚制作技艺"经国务院批准，被列入第一批国家级非物质文化遗产名录。不少砚工被评选为各个级别的非遗传承人，获评"中国工艺大师"等荣誉的也不在少数。端砚行业，正遇上前所未有的绝好发展良机。

唐代：黄冈沙头圆，肇庆出状元

广府文库

唐代箕形砚（肇庆市博物馆藏）

唐代风字砚（肇庆市博物馆藏）

莫宣卿将军博士墓

羚羊峡

褚遂良像（《唐宋大家像传》）

端砚在唐代开始崭露头角，端砚的名称及"紫石""紫云"等别称，频繁出现在唐代众多著名学者、诗人的笔下，并得到不少赞誉。如李贺《杨生青花紫石砚歌》"端州石工巧如神，踏天磨刀割紫云"[1]，刘禹锡《唐秀才赠端州紫石砚以诗答之》"端州石砚人间重，赠我应知正草玄"[2]，齐己《谢人惠端溪砚》"端人凿断碧溪浔，善价争教惜万金"[3]等。据唐代李肇所写的《唐国史补》"内丘白瓷瓯，端溪紫石砚，天下无贵贱通用之"[4]，可知端砚在唐代已经受到大众的普遍欢迎，成为社会各个阶层的文房用具。

至于端砚之名最早始于何时，当时并没有明确记载，现在亦难以准确考证。目前所见有明确年代记载的材料，主要来自清代计楠的《石隐砚谈》："东坡云，端溪石，始出于唐武德之世。"[5]武德是唐高祖年号，对应公元618—626年。不过这种说颇受质疑。苏轼的著作里并无这种说法，这是清代人引述宋代人追述唐代的事情，并非一手资料。苏轼著作里跟这种说法最为相近的，可能就是《书许敬宗砚》：

① 李贺著，吴企明笺注：《李长吉歌诗编年笺注》卷二，第 155 页。
② 刘禹锡撰，瞿蜕园笺证：《刘禹锡集笺证》卷二十四，第 684 页。
③ 齐己：《谢人惠端溪砚》，《全唐诗》卷八百四十五，第 9625 页。
④ 李肇：《唐国史补》卷下，三秦出版社 2000 年版，第 1453 页。
⑤ 计楠：《石隐砚谈》，桑行之等编：《说砚》，上海科技教育出版社 1994 年版，第 308 页。

　　砚，端溪紫石也，而滑润如玉，杀墨如风，其磨墨处微洼，真四百余年物也。[1]

　　所谓"四百余年物"，以苏轼的宋代上推四百多年，应该就是唐代初期武德年间了。不过这种说法只是一种推断，并无实证，也无旁证，难以坐实。但是，现在出土的诸多端砚中已发现有不少唐砚，且有唐代李贺、刘禹锡等人的众多诗歌记载，端砚的闻名应该不会迟于李贺等人所生活的中唐。

　　而端砚的制作出现，从情理上来说，应该要比这个时间早。《旧唐书·柳公权传》载其"常评砚，以青州石末为第一，言墨易冷，绛州黑砚次之"[2]，而未及端砚、歙砚。清代吴兰修《端溪砚史》引明代王世贞《宛委余编》补充说：

　　柳公权蓄砚以青州第一，绛州次之。后始重端、歙、临洮。好事者，用未央铜雀瓦，然皆不及端，而歙次之。[3]

　　端砚、歙砚、临洮砚是唐代柳公权之后才逐渐受到重视。当然，这个"后来"还是指唐代的时候，只不过未能确认具体的时间。另据宋代高似孙《砚笺》记有"杜季阳端石蟾蜍砚，篆'玉溪生山房'，李商隐砚也"[4]，清代《钦定西清砚谱》记有唐代"唐褚遂良端溪石渠砚"，恐怕传闻为多而难有实证，更多是后世的一种追述或者演绎，而不必把这两方砚看作一定是李商隐、褚遂良的砚。

---

① 苏轼撰，孔繁礼点校：《苏轼文集》卷七十《书许敬宗砚二首》，第2237—2242页。
② 刘昫：《旧唐书》卷一百六十五《柳公权传》，第4312页。
③ 吴兰修：《端溪砚史》卷二，《端溪砚考集成》，第214页。
④ 高似孙：《砚笺》卷一，桑行之等编：《说砚》，第10页。

岭南瘴疠地

唐代的岭南地区还未得到全面的开发，普遍被认为是瘴疠之地、荒蛮之处，是朝廷贬谪官员的主要流放之地。唐代大文豪韩愈、宰相李德裕先后被贬潮州，唐代宰相魏元忠、张柬之、韦承庆、杨收、李绅、崔琰、李宗闵、张说，或被贬至端州，或被贬广西、越南时在端州逗留过（西江是连通两广地区的主要通道）。被贬岭南的还有一些著名诗人、官员，如沈佺期、宋之问、杜审言、高戬、房千里等。

道光《高要县志》专门设有《谪宦录》一卷，其中，唐代被贬谪端州者至少有二十六人。他们被贬端州，远离故土家乡、中原繁华之地，心中不无凄怆、彷徨甚至绝望。但是，他们在端州的为人处世、精神面貌，乃至在端州写下的各种诗文佳作，客观上对肇庆社会的发展、文教事业的振兴带来多方面的积极影响。

传诵千古的"谁知盘中餐，粒粒皆辛苦"的作者李绅，就是其中之一。他是一位乐观积极、意志坚定的政治家和文人，唐代被贬谪岭南的人一般都孤身前往，但是他却携着家眷一起赴任。在七星岩石室山内壁，至今还保留了李绅游览时留下的石刻：

> 李绅，长庆四年二月，自户部侍郎贬官至此，宝历元年二月十四日将家累游。

可见，李绅虽遭贬谪，但是心中一直坚守着自己的追求和理想，不认为被贬就是做错了事，也不认为贬谪之所就不是安居之地。因此，李绅"至端，以诗自娱，纪所历皆为长句，名追昔游，自检益严，端人见之，皆有立"[1]。如李绅的《端州江亭得家书二首》（其一）：

> 雨中鹊语喧江树，风处蛛丝飏水浔。
> 开拆远书何事喜，数行家信抵千金。[2]

凭借这种乐观上进的精神，他在逆境中不仅毫不气馁，反而更加砥砺修行、志存高远。不少在李绅身边与李绅有交接的端州人士，无形中也受到了他的影响，纷纷仿效，树立崇高的志向，勤奋读书，积极进取，正己修身。

唐咸通十三年（872）礼部侍郎张裼被贬封州（治今广东封开）司马，他发现当地民众不是很解文义，于是教他们读书。从此之后，封州民众逐渐知书识礼、讲文重学，在不断切磋中获得了很大进步。他们的到来，确实推动了肇庆地区文教事业的发展、醇厚文风的形成。

同时，这些贬谪人物在端州所写的各种诗歌文章，不仅对当时端州的山水风物作了描绘，还将端州之名及端州境内众多地名写在诗文中，让端州的地理、风物、景致等随着他们的作品流传到其他地方。

如沈佺期、宋之问、杜审言三人，他们是推动唐代格律诗走向完善的标志性人物。沈佺期写有《峡山寺赋》"峡山精舍，端溪妙境，中有红泉，分飞碧岭"，宋之问写有《至端州驿见杜五审言沈三佺期阎五朝隐王二无竞题壁慨然成咏》"逐臣北地承严

---

① 郑一麟修，叶春及纂：万历《肇庆府志》卷十七《李绅传》，第334页。
② 李绅：《端州江亭得家书》，《全唐诗》卷四百八十三，第5532页。

谴，谓到南中每相见。岂意南中歧路多，千山万水分乡县"[①]，张说亦写有《还至端州驿前与高六别处》"相逢传旅食，临别换征衣。昔记山川是，今伤人代非"[②]。这些作品或描绘了端州的山水胜景，或通过各种端州景致来抒情述怀，让外界更多认识了端州，知道了端州。

又如唐代大书法家李邕（678—747），博学多才，与李白、杜甫、高适都有交往。李白所作《上李邕》中有名句"大鹏一日同风起，扶摇直上九万里"。李邕为人耿介磊落，不畏权贵，屡次忠言直谏，后因事被贬钦州。在钦州，李邕参与了太监杨思勖平定泷州陈行范叛乱的军事行动，立下了功劳。他经过端州时，在七星岩石室山洞题写了很大的"景福"两个字，同时在洞门刻有《端州石室记》。《端州石室记》字体工整，秀丽而不失洒脱，一直保存至今，成为七星岩的镇岩之宝，成为古今许多文人墨客慕名而往的游览之地。

谪宦此栖迟

唐代贬谪端州的这些重臣之中，还有不少与端砚有关的事迹。如武则天时期的宰相韦承庆，郑州人，父亲韦思谦、弟弟韦嗣立均为宰相。韦承庆志行高洁，文章典美，神龙元年（705）二月，因事被贬为高要县尉。其间，有人赠送端砚给他，虽然这方砚台非常精美，但是韦承庆并不想据为己有，他没有推辞，也

---

① 宋之问：《至端州驿见杜五审言沈三佺期阎五朝隐王二无竞题壁慨然成咏》，《全唐诗》卷五十一，第 630 页。

② 张说：《还至端州驿前与高六别处》，《全唐诗》卷八十七，第 950 页。

没有接受，而是默默地放在办公台上。过了一年多，他被重新起用为辰州（治今湖南沅陵）刺史，准备离开端州时，他并没有带走这方端砚，而是还给了之前送给他的那个人。他的高风亮节，不贪图富贵，不带走别人送的端砚，为后代在端州任官者树立了非常好的榜样。与北宋包拯知端州离开时"不持一砚归"的清廉高洁，可以说是隔代遥相呼应。

如前所述，许浑在经过端州时，提到端州居民在高峡山"斫石"："洞丁多斫石，蛮女半淘金。"居住在端州峡山寺附近的男性居民，多在羚羊峡的山洞中从事石器开凿、制作的工作。这里指的应该就是黄冈村一带的居民，因黄冈村就在峡山寺附近，当地居民自古即以石器为业（包括石雕、砚石）。许浑这首诗所描绘的唐代端州峡山寺附近居民的"斫石"产业情况，就是当时端州社会的鲜明特征之一，因其特别、显著，所以受到了许浑的关注，并写在了他的诗歌之中，成为端州石器（包括砚石）生产、制作的真实写照。由此可知，唐代宦游端州的官员、诗人所留下的不少作品记录了端州的社会状况、山水风物，当时端州独特的石器产业也受到了他们的关注。这些作品，无疑对记录端州、认识端州、宣传端州起到不少的推动作用。唐代这些贬谪官员、诗人的作品或传记虽然并未明确写到端溪砚，但是，他们在端州留意当地特产端砚，或者使用当地文具进行书写，也是情理中事。

此外，有关唐代官员、诗人与端砚的比较可信和细致的记载，还有宋代苏轼笔下有关唐代宰相许敬宗之砚。许敬宗在唐高宗立武则天为皇后一事上立下汗马功劳，但也因此被《新唐书》编入《奸臣传》。苏轼记载许敬宗的砚，在其文集中凡三见，一在《东坡先生志林》卷六，一在《苏轼文集》卷七十，凡二首。名称都叫做《书许敬宗砚》，内容差不多，而互有参差。内容大致为：苏轼有一位朋友杜叔元收藏了一方古砚，相传是许敬宗的遗物，起初苏轼并不相信。后来，杭州有人在浙江（即今钱塘江）网到一个铜砚盒，上有"铸成许敬宗"几个字，与杜叔元手上的许敬宗砚形状、大小一致。于是，苏轼才相信这是许敬宗使用过的端砚。杜叔元去世之后，他儿子杜沂请苏轼为其父写墓志铭，并以这方砚作为报酬，不过苏轼没有答应。杜沂就带着这方砚，请了苏轼的朋友孙莘老来写。后来，苏轼在孙莘老那里看到了许敬宗的这方端砚，不由感慨："砚，端溪紫石也，而滑润如玉，杀墨如风，其磨墨处微洼，真四百余年物也。"不过，这么好的端砚，因受到许敬宗坏名声的影响而背负了不少屈辱。人世善恶，没想到令物件也受到了牵连。

许敬宗曾经遭到贬谪，但是并没有到过肇庆。许敬宗的曾孙许远，因不愿与剑南节度使合作，而被贬为高要县尉。许远与许敬宗不同，许敬宗由于位极人臣、把持朝政被看作奸臣，许远则不同流合污、公正严明，尤其在睢阳任太守时极力抵抗安史叛军而被看作忠臣。许敬宗有端砚而没到过端州，许远到过端州但没记录他的砚事，不知道他在端州是否也关注过端砚。其实，许敬宗的许多后人一直为纠正、洗刷许敬宗坏名而努力，许远是其中比较有成效的一位。他的努力，不仅让世人看到了许氏家族正义、善良的一面，还为后人树立了仁义忠贞、为国效力的优秀榜样。

肇庆状元郎

端州作为罪臣贬谪之所的情况，到了宋代已经有明显扭转。宋代的端州已甚少有贬谪官员，而逐渐成为正常授官的地方。唐代被贬谪到端州的各种官员、诗人，并不乏有抱负、有学识、才艺的能人奇士，他们是端州乃至整个岭南地区社会进步、文化发展的重要推动力。与中原相比，唐代的岭南虽然还被看作是荒蛮落后之地，但是，岭南也不乏内部发展的驱动力，走出了具有全国影响力的重要人物。

就广东来说，韶州曲江（今韶关）张九龄，是唐玄宗时期的著名贤相，以致张九龄辞相之后朝廷荐引公卿时，唐玄宗还对张九龄的风度念念不忘，必会询问："风度得如九龄否？"[①]张九龄亦来过端州，写有《为李郎中祭舅窦端州文》。与此同时，肇庆的新州（今新兴）也走出了一位佛教高僧惠能，因其即心即佛的顿悟之教，让佛教完成了在中国的本土化，而被后人尊称为六祖。六祖惠能至今传有佛教宝典《六祖坛经》。在端州城西北，相传惠能植梅布道之处"梅庵"，现在已被评为全国重点文物保护单位。这些成就卓著、蜚声海内的岭南、端州本土俊杰，无疑在昭告世人，岭南并不是真的如此荒蛮，也不是真的如此落后。

继外来名宦诗人、本土贤相高僧之后，唐宣宗大中五年(851)，岭南又再一次聚集了全国的目光——来自封州的莫宣卿傲视群雄，高中制科状元。同时，莫宣卿也是岭南有史以来的第一位状元，

---

① 刘昫：《旧唐书》卷九十九《张九龄传》，第 3099 页。

被誉为"岭南大魁天下，自宣卿始"①。

当时的封州，即后来肇庆府的封川县，现已与开建县合并为封开县。莫宣卿，字仲节，封川人。又有称其为开建人的，因其父莫让仁去世比较早，其母梁氏改嫁到开建之故，他的足迹遍布封川和开建两地。明清时期，开建县境内的金缕村还有莫宣卿状元读书堂和片玉堂。莫宣卿小时受到母亲的良好教导，聪明过人，且胸怀大志。他在跟邻居小孩玩耍时，就在沙地上题写了"我本南山凤，岂同凡鸟群"②的诗句，看到的人都为之惊叹不已，莫宣卿也有了神童之誉。长大之后，莫宣卿在麒麟山下建造了一间书屋，住在里面，刻苦读书钻研。终于，皇天不负有心人，大中五年（851）他被钦点为制科状元，初被授职翰林，后来改任台州别驾。他回到家乡，准备接母亲一齐赴台州就任，但是还未启程就英年早逝。朝廷追赐他为孝肃公，他居住的地方叫做锦衣乡文德里。莫宣卿的孙子莫立之等人编有《莫孝肃公诗集》，今《全唐诗》收录有四首莫宣卿的诗，分别是《答问读书居》《百官乘月早朝听残漏》《赋得水怀珠》及《封川志》所录残句。

这里有必要说明一下，唐代科举制度和状元的考取，在具体的章程上与宋明清存在一些不同。唐代科举分为"经科"和"制科"，"经科"为常制，主要有"秀才、明经、进士"诸科，分科报名，分科考试，基本每年举行一次。"制科"为特制，举行时间不定，基本上为几年举行一次。"经科"由礼部组织，考上者须再参加吏部的选试才能当官。这时，还没有出现由皇帝亲自主持的"殿试"，殿试在宋代才正式出现。"秀才"科与"进士"科层次一样，

---

① 黄佐：嘉靖《广东通志》卷五十五《莫宣卿传》，广东省地方史志办公室 1997 年版，第 1414 页。

② 郑一麟修，叶春及纂：万历《肇庆府志》卷二十《莫宣卿传》，第 383 页。

考上者都叫做登科，而且秀才科比进士科还难考上。至于"制科"，并不由礼部组织，考上者亦不需参加吏部的选试，而是直接参加由皇帝主持的廷试，考上者即可授官。当时的所谓状元，亦并非只有一个，诸科第一的都可以称为状元，不管是经科、制科还是其他科。因此，清代徐松《登科记考》指出，唐代大中五年经科的状元是李部，莫宣卿"制科第一，据此亦得称状元"③。

当时，白鸿儒为莫宣卿写有《莫孝肃公诗集序》，指出："唐宣宗大中五年，龙集辛未，设科求贤，合天下士对策于大廷。胪传以莫公宣卿为第一。公字仲节，广南封州人也。"④此文收在《全唐文》，亦被《肇庆府志》收录。同时，大中五年进士柳珪写有《送莫仲节状元归省》诗，亦称莫宣卿为状元。此诗被收在《全唐诗》，同样被《肇庆府志》收录。由此可知，莫宣卿的状元不是经科状元，即不是"秀才、明经、进士"等科，而是制科状元，不完全等同于宋明清时期在殿试中考取第一的才叫状元，那时的状元具有唯一性，唐代状元的范围则相对宽泛一些。

莫宣卿被钦点为制科状元的原因，唐代以来许多学者对此做过探究。莫宣卿的才能卓绝，得到唐宣宗的认可和赏识，肯定是重要的前提和基础。而当时朝廷边疆治理、文化振兴的一些策略，对出身岭南的莫宣卿得以独拔头筹应该也起到一些作用。莫宣卿状元的获得，是岭南本土人士砥砺奋发、中原发达地区逐渐关注岭南的这种内外因素互相作用的结果。

读书应试需要一定的物质条件，作为文房四宝之一的砚台自然会受到关注，并被人们赋予美好的寓意，与文教、科举联系起来。相传端砚成名，与唐代一名端州的举子有关。这名举子上京

---

③ 徐松：《登科记考》卷二十二，中华书局1984年版，第817页。
④ 白鸿儒：《莫孝肃公诗集序》，《全唐文》卷八百十六，第8590页。

赴考，时值冬寒，砚水结冰，不能研墨，无以作答。他急中生智，在端砚中呵气研磨，竟能答题完毕，并顺利取得了功名。事迹被人知道之后，众人啧啧称奇，对端砚的神奇无不叹绝。从此之后，端砚便声名远播，逐渐为世人所熟知和重视。

当然，这只是民间对端砚声名鹊起缘由的一种推断，并无文献依据。我们也不必认为这种传说源自状元莫宣卿的事迹。在莫宣卿流传至今的几篇作品中，乃至关于他的传记资料里，我们也没有发现莫宣卿与端砚的相关记载。不过，莫宣卿的状元身份，却自古以来被肇庆人认为跟端砚的重要生产地黄冈村有莫大关联。据现存最早的《肇庆府志》记载，肇庆地区一直流传着一个"状元谶"："黄冈沙头圆，肇庆出状元。"这个状元谶，实际上是一个预言，多被之后的《肇庆府志》《高要县志》所抄录。这是肇庆古代居民对于本土文教事业昌盛繁华的祈望，希望有肇庆人能高中状元，希望肇庆本土培养更多人才，获得更多的科举功名。据康熙十二年《肇庆府志》记载，黄冈沙为黄冈都（黄冈村）附近西江河中的一片沙洲。沙洲的形状，基本上为长条形。即使最初形成时是圆形，也会由于受到河水的长期冲刷，而不可能保持原来的形状。很明显，这是一种借助异象来暗示将获得某种特殊功名的预言，类似于流传在古代广州地区的童谣："河南人见面，广州状元见。"平时珠江两岸汪洋茫茫，互相看不清对岸人面容，广州地区民众则寄望于珠江两岸突然出现能互相看见的特殊情况，来祈求广州地区的士子能够荣登状元的宝座。传说这首童谣流传的第二年，张镇孙就考上状元，成为宋代广东唯一的一位状元。因此，张镇孙的文集也成为《见面亭集》。当然，这种说法没有实证，多是民间传闻和民众情感寄托，而不一定真有其事。

《肇庆府志》同时记载的另一个状元谶，"新江水射灵羊峡，肇庆举子多黄甲"，其特殊场景的设定与"河南人见面，广州状元见"最为相似，也是通过平时互不相及的西江两岸突然可以互通的特殊情形，即西江东岸的新兴江水直接流到了西江东岸的羚羊峡，来表明肇庆也将出现科举的特异事件——本地有人考上状元。其实，类似"沙头圆，出状元"这种对状元、功名的期盼和祈求的谶语，不仅出现在肇庆，还出现在其他地区。嘉靖《九江府志》记载宋代江西九江状元马适的事迹："时谶曰'沙洲圆，出状元'。适生自幼聪敏，勤苦嗜学，奉母笃孝，建隆三年沙洲始圆，果登状元第。"[①] 这是预言成真的情况。而更多是预言不灵验的情况，天顺《东莞县志》记载："圆沙，在县西江口二里。昔励布衣改迁邑基留谶云：'三百年后，石龙过海则状元出。'又云：'沙头圆，出状元。'"[②] 不过，虽然谶语说了很久，但是东莞历史上并没有出现考上状元的本土人士。

为什么肇庆的状元谶出现在黄冈，与黄冈或者羚羊峡联系起来？很有可能跟黄冈沙的位置有关。据《肇庆府志》记载，肇庆古城四周著名的沙洲就在黄冈旁边。另外，肇庆历史上确实也出现过状元，那就是莫宣卿。而黄冈恰好是生产文房用具端砚的集中地。只要文教兴盛、文运亨通，文房用具就会受到更多的关注和重视，销路也会更为畅顺。因此，肇庆居民对科举功名的期盼，就机缘巧合地与端砚生产地黄冈结合在一起了。这种结合，恰好体现出端砚生产受到社会文化水平高低、文教事业隆降的影响；

---

① 冯曾修，李汛纂：嘉靖《九江府志》卷十三《马适传》，《天一阁藏明代方志选刊》第四十八册，上海古籍书店 1981 年版，第 4 页。

② 吴中修，卢祥纂：天顺《东莞县志》卷一《沿革》，岭南美术出版社 2009 年版，第 15 页。

而端砚制作、技艺、销路等等的一系列情况，也在一定程度上反映着社会的兴衰浮沉。

因此，自唐代莫宣卿之后直至科举制度被废除，肇庆都未能再走出另一位状元。作为岭南第一状元，莫宣卿的出现肯定对肇庆乃至整个岭南文教事业的发展有不少的推动作用，对岭南本土更多士子走上从文、习艺、修道之路也不无激励。其实，《肇庆府志》所记载的"状元谶"也不一定空有寄托，而是通过其他途径在一定程度上得到了实现。因为肇庆从宋代开始，宋、明、清三个朝代，都有不少状元莅临端州。从目前记载来看，来过端州任职、游览的状元至少有四位，他们分别是：南宋绍兴八年（1138）状元黄公度、明代万历三十五年（1607）状元黄士俊、清代顺治十二年（1655）状元史大成及道光三年（1823）状元林召棠。

黄公度工诗词，为人正直不阿，由于得罪秦桧，于绍兴十九年（1149），差遣通判肇庆府，摄知南恩州事，前后达十年之久，七星岩还留有黄公度的石刻。

明代状元黄士俊是顺德人，受到南明桂王的传召，到肇庆辅助朝政。黄士俊的文集没有流传下来，但是他曾经为肇庆地区写下了不少作品，多保存在肇庆历代各种方志之中。

史大成兄长史树骏于康熙八年（1669）任肇庆知府，康熙十二年（1673）版《肇庆府志》即史树骏所修。康熙八、九年之间，史树骏曾重修被风吹坏的阅江楼。事成之后，史大成为之撰写了《重修阅江楼碑记》。

林召棠是清代广东的另一位状元，道光十三年（1833）受邀担任端溪书院主讲，前后约十五年。其间，林则徐前往虎门销烟，还与林召棠商议过相关事宜。林召棠书法颇有造诣，诗文水平甚高，在肇庆期间亦值开坑，他曾写有不少端砚铭文："道光甲午客端州，岩适启。市石命工，日亲砻错，鉴别色理，嘘吸精华。"[①]开坑之际，林召棠不仅购买了岩石，还亲自到黄冈村找砚工为其进行雕制。他曾使用过的几方端砚，还完好保存至今。有些端砚上还刻有林召棠的铭文，可供后人欣赏。

总括而言，肇庆自唐代莫宣卿被钦点为状元开始，后世虽再无本土状元出现，但是宋代以来却先后有四位状元来此。其中，宋代状元黄公度、清代状元林召棠更是在肇庆任官、任职超过十年之久。虽无明确资料显示全部来肇状元都参与了端砚的品鉴、使用、收藏等活动，不过，作为古代最主要的文房用具之一，端砚或者砚台必然在他们的关注和使用范围之内。来到肇庆，关注肇庆特产，使用本土生产的文具进行书写，是最合适不过的情理中事。林召棠在肇庆期间，不仅使用端砚，还亲自访砚、咏砚、藏砚，留下了不少作品和实物。由此可见，状元群体在肇庆的密集出现，对肇庆的社会建设、文教发展、端砚振兴不无积极影响。"黄冈沙头圆，肇庆出状元"，状元与黄冈，文运与端砚，两者确实相得益彰，圆圆满满。

---

① 林召棠：《心亭亭居文存·砚铭序》，《清代稿钞本》第二十七册，广东人民出版社 2007 年版，第 518 页。

宋代：不持一砚归，笑比黄河清

宋代抄手式端砚（肇庆市博物馆藏）

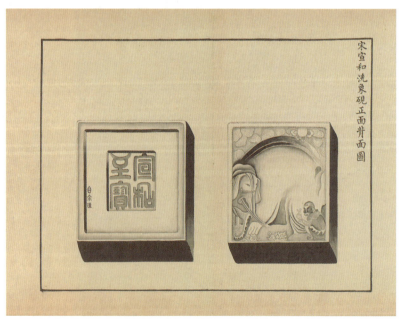

宋宣和洗象砚（《西清砚谱》）

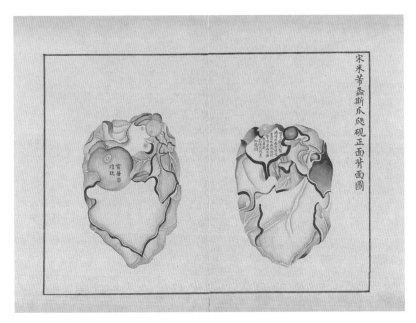

宋米芾蠡斯瓜觖砚（《西清砚谱》）

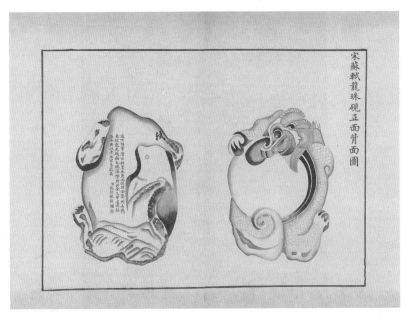

宋苏轼龙珠砚（《西清砚谱》）

肇庆丽谯楼

肇庆包公井

肇庆包公祠

包拯像（《历代君臣图像》）

周敦颐像（《历代君臣图像》）

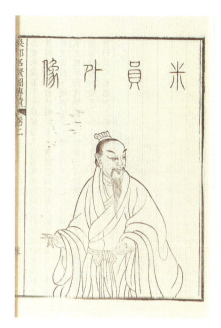

米芾像（《吴郡名贤图传赞》）

苏轼（《历代君臣图像》）

宋徽宗像

端砚名重天下，在宋代发展到全盛，享誉全国，远近驰名，受到社会各界的热捧。但是砚材有限，砚工费时费力，产量不可能很多，端砚一直供不应求，导致不少为争夺资源而产生的不良现象。淳化二年（991），宋太宗下诏"罢端州贡砚"①。端砚在宋代的受欢迎程度由此可见一斑。

　　至于端州贡砚始于何时、贡品数量等，目前未见明确文献记载。北宋王存编纂《元丰九域志》时，就曾指出北宋元丰年间端州的贡砚数量："端州……土贡，银一十两，石砚一十枚。"②元丰是宋神宗的年号，对应公元1078—1085年。可知宋代社会对端砚的需求并未消减，宋太宗罢端州贡砚的做法并未能持久实施下去。贡砚十枚，数量似乎并不算多。不过，这十枚贡砚不是一般的端砚，而是取自当时石料品质最好的下岩。北宋著名书法家米芾就亲自到过肇庆，对砚坑做过详细的考察③：端砚的石材分为下岩、上岩、半边岩、后砾岩四种，下岩材质最好，是制作端砚的上乘材料。宋仁宗以前赐给大臣的官砚多数都是下岩的砚石。只不过，下岩长年浸在水下，一年四季都没有干涸的时候。因此，想采集下岩的砚石都要先将砚坑的水抽干，这个工序就需要一个多月才能完成。而且，采石越多砚坑就会越深。深到一定程度时，采石所耗费的成本已经超过了所得到的砚石的价值，就

① 脱脱：《宋史》卷五《太宗本纪二》，中华书局1977年版，第87页。
② 王存：《元丰九域志》卷九《广南路》，中华书局1984年版，第414页。
③ 米芾：《砚史·端州岩石》，桑行之等编：《说砚》，第1页。

没有砚工愿意再开采下岩了。更有甚者，为了防止日后不被要求进贡的端砚跟之前的规格大小、精美程度一样，砚工还会偷偷将端砚中有点睛之妙的"石眼"凿走。①

天然砚材无可复制，但是人们对端砚的需求却随着端砚的声名远播与日俱增，砚工为了完成任务，不被责骂追究，而不得不对难得的砚材进行毁坏。这既是端砚之福，也是端砚之祸；既是砚工之福，也是砚工的无奈。因此，如何适度地对端砚进行开发、挖掘、使用，甚至像宋太宗罢端州贡砚那样，是端砚成名之后亟需解决的问题。

宋代莅官端州者，由于地利之便，如果心术不正，就会将砚材占有己有，对端砚及端砚从业人员的利益造成极大损害。与此同时，也有一批公正无私，一心为民办实事的清官廉吏，"有宋包拯、陶弼治端溪，皆不持一砚，清风凛然"②，他们无不在肇庆谱写着传颂千古的端砚传奇。

包拯廉洁清风

随着岭南的逐步开发和端砚的闻名遐迩，宋代的端州已经不再是朝廷贬谪官员、流放罪犯的地方。宋代清官包拯、著名哲学家周敦颐等，均先后在端州任官和处理政务。不过，有一个例外，他就是宋代宰相冯拯。他被贬端州的时间，正是宋太宗罢端州贡砚的淳化年间。他担任端州的长官，应该对砚坑情况、端砚制作、贡砚工作颇为了解。而且，冯拯本身就是一位正直、忠心、有才

---

① 吴兰修：《端溪砚史》卷三《贡砚》引唐询《砚录》，见《端溪砚考集成》，第218页。
② 郑一麟修，叶春及纂：万历《肇庆府志》卷一二《赋役志二》，第253页。

能的人，宋太宗贬谪他之后就很后悔，想立刻召他回去。冯拯在端州也做了不少好事，其间还向太宗上疏，讨论国家大事，献计献策，切中时弊，颇得太宗赏识。于是，冯拯不久就改授为广州通判，后来还以吏部尚书、同中书门下平章事充枢密使，成为宰相，辅助朝政，为国为民，谋求福祉。

北宋包拯由于清正廉明、勤政爱民，自古以来被誉为"包青天"，有着非常高的威望，在民众心中堪为正义使者的化身。他从知县升任知州，就是在端州任职的。宋仁宗康定元年（1040），包拯从天长县知县升任端州知州。在七星岩石室岩洞东壁，至今还保存有一块包拯游览七星岩时的刻石："提点刑狱周湛，同提点刑狱钱聿知郡事包拯同至。庆历二年三月初九日题。"①

早在知天长县时，包拯已因妙判盗牛舌案崭露头角。升任端州之后，包拯继续秉承这种公正严明的管理精神，为端州办了一系列好事，如凿水井、建书院、置米仓、修公署等。

端州民众当时多从江中汲水饮用，以致生病者众。包拯凿水井七口，民众得以用上干净水。"后人以其水清冽比公之介，名之曰包公井"②。包拯当年主导开凿的这些水井，如今还有几口比较完整地保存了下来。

"星岩书院，在城北门外宝月台，包拯建"③，今已在旧址复修。肇庆历史上又有另一个星岩书院，在七星岩水月宫左边，是明代崇祯九年（1636）两广总督熊文灿所建，与包拯建于宝月台的星岩书院不是同一个地方。从目前文献记载来看，包拯所建

---

① 夏修恕、屠英修，何元等纂：道光《高要县志》卷十二《金石略二》，第154页。
② 屠英等修，胡森等纂：道光《肇庆府志》卷二《舆地》，中华书局2021年版，第62页。
③ 屠英等修，胡森等纂：道光《肇庆府志》卷八《古迹》，第264页。

的星岩书院是肇庆地区最早的书院，对肇庆教育事业的发展具有重大意义。

"丰济仓，旧在府署西米仓巷，宋康定元年郡守包拯创建"，[①]是包拯当年所建的一个大型粮仓。由于这个粮仓的出现，附近的街道也被称为"米仓街"。米仓街中，还保存有一口包拯当年所开凿的水井。

"清心堂在府东，枕书堂在西，皆知军州包拯建。……又有相魁堂、敬简堂、双瑞堂、节堂、秋霜宅，皆拯所名，今并为廨舍。"[②]清心堂的建造，与包拯所追求的崇高理想有关。包拯在端州曾经写有一首《书端州郡斋壁》的诗，充分展现的正是他自己所推崇的这种"清心直道"："清心为治本，直道是身谋。秀干终成栋，精钢不作钩。仓充鼠雀喜，草尽狐兔愁。史册有遗训，无贻来者羞。"[③]包拯的这首诗，也是目前所知包拯所写的最早的诗作，作为第一篇作品，被收在《包拯集校注》之中。正因为包拯"清心直道"，正直无私，勤于政务，处处为百姓着想，所以，他虽然在盛产端砚之地端州任职，在获取端砚方面有着各种便利，但是，他始终坚守住为民除害、不增加端州民众负担的道德底线，即便离任之际，也不带走一方端砚。

包拯的这些廉洁事迹，全部被《宋史·包拯传》记载了下来。[④]面对身在端砚原产地的诱惑，宋朝不少端州知州多利用职权之便从中谋取数量不菲的端砚。他们不仅自己使用，还作为礼物送给朝中权贵，以此获得更多的推荐、晋升机会。但是，这些做法很

---

① 屠英等修，胡森等纂：道光《肇庆府志》卷五《建置》，第 183 页。
② 屠英等修，胡森等纂：道光《肇庆府志》卷八《古迹》，第 267 页。
③ 包拯撰，杨国宜校注：《包拯集校注》，黄山书社 2014 年版，第 1 页。
④ 脱脱：《宋史》卷三百一十六《包拯传》，第 10315 页。

明显与包拯所坚守的正直清廉相违背。包拯坚守本心，他莅官端州时，只按照进贡的数量采集端砚，尽量做到不扰民。同时，自己以身作则，职满调离端州时也不带走一枚端砚，真正做到自己最初所立下"清心直道，无贻来羞"的宏愿。正因如此，包拯的政途越走越宽，官阶越来越高，人品也修炼得越来越光辉灿烂，成为一代清官，照耀后世，被尊称为"包青天"①，成为民众心中为民请命、除恶惩奸的典型代表。

关于包拯治端的各种政绩，民间有许多不同的演绎版本。有些说法固然是对包拯的不尊重甚至是污蔑，但有些说法虽然看似不可信，但是民众还是比较认可。尤其是"砚洲岛"，本是"东沙洲，一名中心州，在城东四十里羚羊峡口外江中，即宋包拯掷砚处"②，相传包拯任职期满离开端州时，舟过羚羊峡，才发现船上有一枚端砚（据说是他夫人用自己的钱购买的），包拯十分愤怒，于是将砚投入水中，以示清白。后来，包拯掷砚的地方就形成了一片沙洲（就是东沙洲），民众为了纪念他，就将这个沙洲称作"砚洲岛"。另一个版本，则出自清代丁柔克《柳弧》的记载，认为此处名为沉砚湖。③虽然说法一为"岛"一为"湖"，主要内容其实都是包拯沉砚，表达的都是包拯的清正廉明，不贪图名砚特产，也示其不借此交结权贵，谋取私利。

包拯是我国旷古少有的大清官，他的修身洁行并不是所有任职端州的官员都能做到的。不然的话，他就不会单独被誉为"包青天"了。其实，任职端州者多以职权之便通过各种途径购买或者获取一些上乘的端砚，只不过，不至于像"前守缘贡，率取数

---

① 脱脱：《宋史》卷三百一十六《包拯传》，第10317页。
② 屠英等修，胡森等纂：道光《肇庆府志》卷二《舆地》，第59页。
③ 丁柔克：《柳弧》卷三，中华书局2004年版，第21页。

十倍以遗权贵"①那么疯狂和毫无节制。

包拯之后不久，进士丁宝臣曾知端州。丁宝臣是大文豪、著名政治家王安石的朋友，与王安石、欧阳修的关系都很好。丁宝臣去世之后，王安石为其写了《司封员外郎秘阁校理丁君墓志铭》，欧阳修为其写了《集贤校理丁君墓表》，这两篇文章至今保存在王安石、欧阳修的文集之中。丁宝臣任职端州知州期间，曾送了一枚绿端给王安石，王安石为此专门写了一首《元珍以诗送绿石砚所谓玉堂新样者》的诗歌："玉堂新样世争传，况以蛮溪绿石镌。嗟我长来无异物，愧君持赠有佳篇。久埋瘴雾看犹湿，一取春波洗更鲜。还与故人袍色似，论心于此亦同坚。"②端州官员可以通过正当途径购买一些端砚，或者获得一些比较优质的端砚。端州知州丁宝臣赠送端砚给王安石，王安石也欣然接受，毫不讳言，还专门为之赋诗一首。这种做法，在当时应该是比较正常的。也正因为如此，包拯"不持一砚归"的做法就显得更加难能可贵，清廉卓绝，成为大家学习的榜样。因此著之《宋史》，受到后世景仰。

丁宝臣任职期间，岭南地区发生了一件大事，从广西一直往东波及端州、广州等岭南大部分地区，那就是侬智高叛乱。当时岭南各州县的守备条件简陋到接近于无，属于肇庆地区的封州（封开）、康州（德庆）、端州一带，"州人未尝知兵，士卒才百人，不任战斗，又无城隍以守"③。除了封州、康州的两位长官曹觐、赵师旦死守殉城之外，其他地方的官员基本上都是望风弃城而逃。④曹觐、赵师旦的事迹被载入《宋史》，他们是宋代肇庆地

---

① 脱脱：《宋史》卷三百一十六《包拯传》，第 10315 页。

② 王安石著，李壁注，高克勤点校：《王荆公诗笺注》卷三十五，第 880 页。

③ 脱脱：《宋史》卷四百四十六《曹觐传》，第 13153 页。

④ 脱脱：《宋史》卷四百四十六《曹觐传》，第 13154 页。

区的忠将伟烈，受到朝廷的封赐，民众的爱戴。端州知州丁宝臣则做不到曹觐、赵师旦那样："（皇祐四年五月）癸亥，智高入端州，知州、太常博士丁宝臣弃城走。"[1]据王安石《司封员外郎秘阁校理丁君墓志铭》的说法，丁宝臣曾领兵"出战，能有所捕斩，然卒不胜，乃与其州人皆去而避之，坐免一官，徙黄州"[2]。丁宝臣弃城逃跑，受到免职处理。他之所以这样做，是因为端州当时确实没有城墙可供守护。因此，侬智高的叛乱平定之后，端州吸取教训，正式开始修筑城墙。[3]在平定侬智高的过程中，朝廷先后委派了狄青、余靖（今韶州曲江人）、陶弼等人到两广。其中，陶弼短暂担任过康州（今德庆）团练使，后来又被调回邕州（今南宁）。陶弼也像包拯一样，离职之时，没有利用职权之便带走一枚端砚。因此《肇庆府志》将他与包拯并举，"有宋包拯、陶弼治端溪，皆不持一砚，清风凛然"。

其实，宋代任职肇庆的官员并非只有包拯、陶弼那样孤高廉洁，坚决"不持一砚归"者。南宋时还有一位肇庆府通判马晞骥，同样是清廉自守，拒人私馈之砚。[4]马晞骥是南宋孝宗淳熙七年（1180）进士，容州知州马持国长子，忠贞有大节，宋廷南渡时来到广东，定居在新会。马晞骥在淳熙年间任肇庆府通判，有人想夜晚偷偷向他赠送一枚精美的端砚，马晞骥当即拒绝不收，认为莅官肇庆，为百姓官长，就应该清廉自持，砥砺修行，为百姓谋取福利，岂能因为收受一枚端砚就玷污了清白家声呢？由于清

---

① 李焘：《续资治通鉴长编》卷一七二《仁宗》，中华书局 1979 年版，第 4146 页。

② 王安石：《临川先生文集》卷九一《司封员外郎秘阁校理丁君墓志铭》，中华书局 1959 年版，第 945—946 页。

③ 郑一麟修，叶春及纂：万历《肇庆府志》卷十《建置志》，第 184 页。

④ 黄佐：《广州人物传》卷六《马晞骥传》，《四库全书存目丛书》第 90 册，齐鲁书社 1996 年版，第 476 页。

廉自守，马晞骥的名声越来越高，后来升任雷州知军，受到民众的拥护和爱戴。

"不持一砚归"是包拯、陶弼、马晞骥的高尚美德，以当时他们的官职，面对官员对端砚的不法掠夺，他们也暂时只能以身作则，按章办事，无法对他们进行惩治。不过，对于身为广东转运判官、提点刑狱的周敦颐来说，他不仅洁身自好，公正严明，还能对在端州的不法官员绳之以法，为民除害。周敦颐，字茂叔，号廉溪，道州（今湖南道县）人。周敦颐博学力行，宋代理学的奠基人程颢、程颐兄弟受业周敦颐门下，二程之学又传朱熹，朱熹为宋代理学的集大成者。因此，周敦颐被誉为自孟子之后上续千年儒学道统的一代儒宗，在宋代哲学领域具有开创之功，《宋史》给他十分之高的评价。[1] 周敦颐自号廉溪，志行高洁，曾写下千古名篇《爱莲说》，所谓"出淤泥而不染，濯清涟而不妖"，不仅是周敦颐自己洁身自持的真实写照，也成为勉励后人清廉自修的名言和榜样。

宋神宗熙宁二年（1069），由于周敦颐在判狱方面显示出优秀的才能，他得到了宰相赵抃、吕公著的推荐，担任广东转运判官、提点刑狱。[2] 如今在肇庆七星岩的石室岩东壁，保存有周敦颐当时游览的石刻："转运判官周敦颐茂叔熙宁二年三月七日游。军事推官谭允、高要县尉曾绪同至。"[3] 周敦颐忠于职任，往往不辞劳苦，深入岭南烟瘴之地，亲自考察案件，做出公正的审判，在岭南地区留下不少佳话。

在肇庆，周敦颐主要惩治了一名对端砚贪得无厌的知州杜

---

① 脱脱：《宋史》卷四百二十七《周敦颐传》，第 12710—12712 页。
② 脱脱：《宋史》卷四百二十七《周敦颐传》，第 12711 页。
③ 夏修恕、屠英修，何元等纂：道光《高要县志》卷十二《金石略二》，第 156 页。

谣。①包拯任职端州的时候，"前守缘贡，率取数十倍"，以《元丰九域志》所载端州土贡"石砚一十枚"，率取数十倍也不过是几十枚。而杜谘的做法则相对前守有过之而无不及，对于掠夺端砚，可谓无所不用其极，想尽办法，贪得无厌，被端州民众戏称为"杜万石"。虽然他攫取的端砚数量也不至于万枚那么夸张，但是几百乃至上千枚应该还是有的。这种做法，不仅对岩石资源是一种极大的损耗和浪费，对于砚工来说，也是工程浩大。砚工在短时间内冒着生命危险频频下坑采凿大量的砚石，不仅强度高，工作劳苦，而且人身安全还得不到保障。身为地方父母官，杜谘不仅不为当地民众谋利益，反而贪婪无度，大量掠夺不可再生亦不可多得的砚石资源，让民众、砚工惨受其害，利益受损。周敦颐关心民瘼，根据线索，逐步查明当中情实。他十分讨厌杜谘的所作所为，于是向朝廷禀告情况，并呈请勒为政令。从此之后，凡是在端州任职者，离任之时只允许购买两枚端砚带走。

周敦颐的这种做法，极大限度保护了端州砚工的人身安全及民众的利益，也肃清了端州的吏治环境，让端州社会逐步树立起清正廉明之风。因此，周敦颐受到了端州民众的爱戴，端州居民还为其建有廉溪祠，以纪念他为端州所做的功绩。

砚客频访端州

在杜谘之后不久，有另一位端州知州陈公密，他也是爱砚之人，曾亲自指挥砚工开凿下岩取材。他对端砚的痴迷毫不在杜谘

---

① 夏修恕、屠英修，何元等纂：道光《高要县志》卷十七《周敦颐传》，第340页。

之下，杜谞是攫取数量多，陈公密则多访奇异。[1]在陈公密任职端州期间，他发现某位端州居民有一枚十分奇特的端砚，砚面似熨斗，颜色焦黑，如飞龙腾云疾飞，砚上还有一对鸲鹆眼，每个月的晦日，会有云雾涌出，非常奇妙。于是，陈公密想尽办法，誓要得到这枚端砚，即使让这枚端砚的原来拥有者倾家荡产也在所不惜。这种残酷的做法，当然会受到民众的诟病。陈公密去世之后，这枚端砚被张询所得。宋徽宗政和年间，又被送进了皇宫。后来发生"靖康之乱"，宫廷内的许多服饰、器具都被担任都监的王殊藏了起来。事情败露之后，宋高宗想惩治王殊，他才又把这枚端砚拿出来赎罪，这枚端砚才又回到宫廷之中。

一枚小小的端砚，从民间到官府，再到皇宫，又经历了风云变幻的重大历史事件，兜兜转转，几易其手，风声鹤唳，惊慌失措，竟然寄付着深重的国仇家恨。这枚端砚神乎其神，它的经历辗转反侧，方寸之间蕴藏世道浮沉，不仅当初陈公密所意想不到，也是国家社稷所不能预见的。不过，陈公密当初是否真的通过这么恶劣的手段获得这枚端砚，这枚端砚是否真的如此神奇，由于无更多的记载，也看不到实物，现今已无法判断和评价。

但是，陈公密这个人应该也不至于是阴险小人。他是苏轼的好友，关系十分密切，苏轼曾为他写过不少诗文，也给他写了不少书信。如今《苏轼文集》中，与他有关的作品不少于七篇。如词《鹧鸪天·陈公密出侍儿素娘歌紫玉箫曲》，书信《跋陈隐居书》《与陈公密三首》。其中，《陈公密子石砚铭并引》明确写到陈公密亲自到下岩采砚石，并雕刻成砚。苏轼与好友陈公密之间应该有不少机会见面。在《与李亮工六首（其六）》中，苏轼就写

---

① 高似孙：《砚笺》卷一，桑行之等：《说砚》，第8页。

信给李亮工，想让他帮忙找一些"钟乳"，还说"陈公密来时，可附致否"[1]，可以在陈公密过来的时候顺便帮他捎上。可见他与陈公密的来往是比较密切的。

苏东坡写过不少端砚铭，其中《评淄端砚》评述端砚之得失颇为精准："淄石号韫玉砚，发墨而损笔。端石非下岩者，宜笔而褪墨。"[2] 如果不是精熟端砚情实，恐怕很难把握。尤其是苏轼所写《端砚铭》："千夫挽绠，百夫运斤。篝火下缒，以出斯珍。一嘘而泫，岁久愈新。谁其似之，我怀斯人。"[3] 他所写的砚工采石时的场景，千百名工人挽绳汲水，几百人用斧捶打，洞中漆黑一片，只能靠油灯点点，照着工人不断上下输送绳子来开凿砚材。如果不是亲临其地，亲见其事，恐怕无法写得这么细致、真实、入木三分。苏轼曾经被贬惠州，而陈公密曾知端州，两地一东一西，虽然也有一些距离，但是都同在广东，如需见面，路程也不算很远。因此，苏轼还是很有机会通过陈公密在端州任职的便利，来到端州，品鉴端砚。而陈公密又曾经开过下岩，苏轼正可趁此良机，亲身目睹砚工是通过什么方式、什么工序采集砚石的。

北宋著名书法家米芾之所以能在《砚史》中对端砚及其砚坑、工艺等有细致入微的描述、评价，就在于他确实亲临过肇庆，对端州砚坑情况、端砚制作过程有深入的考察："余尝至端，故得其说详。"[4] 他到肇庆考察端砚相关情况，并不是千里奔赴，而是由于他在熙宁中任英德县尉。[5] 他在英德任职前后有两年之久，

① 苏轼撰，孔繁礼点校：《苏轼文集》卷五十八《与李亮工六首（其六）》，第1762页。

② 苏轼撰，孔繁礼点校：《苏轼文集》卷七十《评淄端砚》，第2240页。

③ 苏轼撰，孔繁礼点校：《苏轼文集》卷十九《端砚铭》，第549页。

④ 米芾：《砚史·端州岩石》，桑行之等编：《说砚》，第1页。

⑤ 额哲克等修，单兴诗纂：同治《韶州府志》卷三《职官表一》，岭南美术出版社2009年版，第63页。

其间几乎游遍了英德的山山水水："居职二年，风云潇远，山水佳处，游题殆遍。"① 当然，米芾应该是也借此机会，去到端州，得以详细考察了大量的端砚的砚坑的优劣、制作的工拙等等，为《砚史》的写作奠定了坚实的材料基础。

　　像苏轼、米芾一样，借在岭南任职的机会顺便考察端州名砚的，还有北宋名臣唐询。唐询，字彦猷，江南东路转运使唐肃之子。唐询父子都是爱砚之人，对端砚尤情有独钟。唐询《砚录》曾自述其对端砚的喜爱，并记述了一枚他小时候父亲给他的罕见端砚，这方砚台形制"上圆下方，才长四寸余。心有鸲鹆眼，又有金线"，在当时应该也是少有人见过的。后来，唐询在京师从侯宗亮那里获得了一枚刻有"延和二年"的古石砚，"石色青紫相间，模制颇古但于墨色不甚相宜，然亦宝之凡十年"。② 可见唐询父子都是懂砚、爱砚之人，对端砚可谓钟爱有加，视为珍宝。约在北宋仁宗康定年间，唐询任梧州知州，他也利用梧州、端州一江互通的地利之便，往返之际往往在端州访寻名砚。③ 在端州，唐询认识了端州本土人士崔之才。崔之才是宋代端州著名的端砚收藏家、鉴赏家，在他的帮忙下，唐询陆续找到了一些不错的砚石，其中有四块堪称上品，于是又让侯宗亮为他雕制，成品非常精美，用起来得心应手，他十分满意。也正因为有这样的地理优势，唐询得到很好的机会考察端砚出产地，认识端砚收藏家，观赏到不少端砚，更得到很好的砚石，制作了满意的作品。更为重要的是，由于他有这个经历，他才得以写出了目前所知最早的石

① 额哲克等修，单兴诗篡：同治《韶州府志》卷二十七《米芾传》，第580页。《宋史》卷四百四十四《米芾传》称为"浛光尉"，浛光为英德县属地。
② 吴兰修：《端溪砚史》卷三，《端溪砚考集成》，第224—225页。
③ 吴兰修：《端溪砚史》卷三，《端溪砚考集成》，第225页。

著——《砚录》，第一次较为详尽、全面地记载和评述了当时他所见到的各种砚台。书中还以不少的篇幅记述了端砚的各种情况，通过不同砚种的对比、品评，探讨了端砚的特点，为后人研究、制作端砚提供了很好的理论借鉴。

宋仁宗皇祐五年（1053）十二月二十八日，北宋名臣、开封府知府蔡襄写了一篇《砚记》，专门记述唐询所交接的崔之才的事迹。崔之才是宋代端州本土少有的砚界名人，他家就在砚坑旁边，这个位置，极有可能就是黄冈或者黄冈附近了。那里是端州砚工的聚集地，背靠羚羊峡，濒临西江，有水运之便，距离砚坑亦近，是采石、制砚、销售的最近地点。他在那里召集了大批砚工，约有一百多人，专门为他制作端砚，一年大概能生产上千个端砚，俨然一个端砚工厂。只不过，崔之才对端砚的要求很高，十年以来产出的上万枚端砚中都没有令他满意的。有一天，他的石工像往常一样在后岩百丈坑开剖砚石，意外获得了一枚"紫龙卵"，十分独特。与他同村的人知道之后，都纷纷带着酒、牵着羊前来庆贺，场面十分热闹。崔之才让砚工把紫龙卵制成砚。这方砚台十分优质：

> 长尺，广减十之四；厚重宽平，开匣粹润，若有德君子；上下眼各四，当中晕七，里又有文；表里无有纤瑕，微近手则润泽可劘墨矣。

崔之才对这枚端砚自然十分满意，自此之后，每天都抱着砚来欣赏，爱不释手，以致废寝忘食。

就这样过了很长时间，崔之才突然感悟到：手中如此珍贵的、十年不遇的精美端砚，岂能私自收藏、独自占有呢？"宋贡砚，匦赐史官，故端砚重于天下，杜诰遂以蒙垢。夫有尤物，皆足厉民。"① 平民百姓手中藏有奇珍异宝，并不一定是好事。诚如陈公密所为，"部民蓄奇砚，破其家得之"，独藏奇砚，福祸难测，甚至可能招致杀身之祸。左思右想之后，崔之才不远千里，跨山历水，派人将这枚端砚送给了蔡襄。蔡襄为之感激不尽，也十分珍视这枚砚，"斋戒发封，诹吉日，以澄心堂纸、李庭珪墨、诸葛高鼠须笔为之记"，写下了这篇《砚记》。②

　　蔡襄与崔之才很有可能是通过唐询认识的，蔡襄与唐询是好友，而且两人对文房四宝兴趣相投，经常往来探讨。唐询写有《砚录》，蔡襄也写有《文房四说》，两人追寻实物赏玩，也有理论探索，同为端砚收藏家、鉴赏家。最为难能可贵的是，通过他们的著作，宋代端州的端砚发展情况得到了明确记载，让我们在千年之后还能管窥宋代的砚坛盛况。不过，崔之才是否真的蓄养砚工百人、年产千砚，紫龙卵砚是否真的万中无一，蔡襄的描述是否存在夸张、渲染的成分，这就不得而知了。不过崔之才其人与紫龙卵砚的存在，应该还是真实可信的。

徽宗降样造形

　　宋代将端砚推向高峰的，应该是宋徽宗赵佶。赵佶是宋神宗赵顼的第十一个儿子，哲宗绍圣三年（1096），以平江、镇江军节度使封端王，端州为其封地。不过，宋哲宗年寿不永，于元符

---

① 郑一麟修，叶春及纂：万历《肇庆府志》卷十二《赋役志二》，第 254 页。
② 蔡襄：《端明集》卷三十四《砚记》，《景印文渊阁四库全书》第 1090 册，台湾商务印书馆 1986 年版，第 632 页。

三年（1100）就早早去世，年仅二十多岁，并没有子嗣。于是赵佶被召入朝，继皇帝位，是为徽宗。由于端州是徽宗的封地，徽宗继位之后，于当年十月随即升端州为兴庆军。十一月，又"降德音于端州：减囚罪一等，徒以下释之"①。重和元年（1118）十月，又改兴庆军为肇庆府。肇庆之名，正式诞生，寓意"兆启吉庆"，为徽宗带来吉庆祥和之兆。徽宗还亲自大书"肇庆府"三字，送到肇庆。肇庆官员为此修建了御书楼，妥为保存。明代肇庆知府黄瑜为之重建，更名"丽谯楼"，丽谯楼后即为肇庆府署，历有复修，一直保存至今。在当时，"州"与"府"的概念在行政上有高低之别。州是一般的地方行政单位，府则特指首都或者皇帝的封地，如宋代首都开封才称为府。而肇庆也被称为"府"，政治含义非比一般。

众所周知，宋徽宗赵佶是一位书画皇帝，书法、绘画、诗词别具一格，尤其是其独特的字体，瘦削而不失风韵，气贯长虹，势如天成，被称为"瘦金体"，成为后世书家争相模仿的重要书体之一。端州作为著名的端砚原产地，徽宗又是不可多得的书画名家，两者的结合，势必一发不可收拾，迸发出异常耀眼的火花，惊艳朝野。对此，宋徽宗的做法是大量开挖砚坑，大批刻做端砚。由于朝廷需求太多，而肇庆砚工人数有限，宋徽宗就"降样造形"，穷极物力，采贡以进：

> 宣和初，御府降样造形，若风字如凤池样，但平底耳。有四环刻海水、鱼龙、三神、山水，池作昆仑状，左日右月，星斗罗列，以供太上皇书府之用。②

① 脱脱：《宋史》卷十九《徽宗本纪一》，第360页。
② 佚名：《端溪砚谱》，《端溪砚考集成》，第246页。

所谓"御府降样造形"，就是由朝廷颁布端砚样式，由端州砚工按照样式刻制端砚。如果数量较多，端州砚工来不及制作，端州就进贡砚石，朝廷另行安排其他地方的砚工按样雕刻。这种做法固然将端砚推向了发展的顶峰，使"端砚满天下"。赵佶倾尽全力，开坑制砚，不仅自用，还赏赐给身边的大臣，于是大量端砚从肇庆流向全国，流入王侯将相家。凭着优良的品质，又带着皇帝御赐的权威，端砚一下子腾飞高跃，誉满天下，亦天下流通。同时由于端砚资源有限，精品不可多得，下岩佳作被称为绝世奇宝，不可复有。其中受赐端砚者，也包括到过肇庆、写过《砚史》的米芾。

据元代汤垕的《古今画鉴》，米芾被徽宗召为书画博士，献其子所作《楚山清晓图》。米芾是书法名家，宋徽宗也喜欢他写的字，让他在朝廷的屏风上题写《周官篇》。米芾写完之后，大受徽宗赞赏。米芾也是识趣之人，不求其他赏赐，却顺势索求当场用来题写《周官篇》的端砚。徽宗也很豪爽地赏赐给了他。米芾拜受之后十分高兴，未等端砚的墨汁清理干净就立刻揣在怀中，以致淋湿了朝服。米芾为了赏赐端砚、不顾朝服淋墨的急骤做法，让徽宗忍俊不禁，哈哈大笑。[①]此事迹亦记载于《宋史·米芾传》之中。

只不过，砚材不可多得，砚坑越挖越深，宋徽宗这种穷极人力、物力大开砚坑、大制端砚的做法并不能持久。早前开挖的下岩由于太深太峻，被泥土壅积，已经不堪再用。而中岩、上岩，品质又大不如人意，只能聊胜于无。再者，靖康之变之后，朝廷越江南渡，宫中的诸多奇珍异宝、器服端砚，在带往福建的过程

---

① 汤垕：《古今画鉴及其他四种》，王云五主编：《丛书集成初编》第 1650 册，商务印书馆 1937 年版，第 15 页。

中失事坠江，后来才被当地人士慢慢搜寻打捞上来。因此，大批端砚又流入了南宋首都的偏安之地吴中，引起豪家贵族争相竞购。不过端砚数量本来有限，佳作更是稀少，于是市场上出现了不少仿冒之作，很多人高价买到的所谓真品端砚都是赝品。端砚成为售假的工具，欺骗了民众对宣和御制端砚的追捧。国家的不幸，又变成端砚的不幸、文玩的不幸、百姓的不幸。

自唐代莫宣卿之后肇庆没有再出过状元，但是之后每个朝代都有状元在肇庆任职，为肇庆服务。南宋时到肇庆任职的黄公度是兴化军莆田（今属福建）人，字师宪，宋高宗绍兴八年（1138）状元。黄公度中状元之前，兴化同样有一个状元谶："黄涅槃有谶云：'折却屋，换却椽，望京门外出状元。'"① 可见，科举时代，很多地方都对考中状元充满冀盼。而兴化的这个状元，最终走到了肇庆大地之上，为肇庆社会发展服务。黄公度于绍兴十九年（1149），通判肇庆府，过了一个月左右就摄知南恩州（治广东阳江）事。七星岩石室洞内东壁，还保存有黄公度所写《题七星岩》石刻：

> 天上何时落斗星，化为巨石罗翠屏。洞折三叉盘空曲，壁立万仞穿青冥。客寻旧路不知处，龙去千载犹闻腥。欲访仙子问真诀，岩扃寂寂水泠泠。
>
> 壶山黄公度师宪，绍兴甲戌，正月上浣题。

黄公度任肇庆府通判，多少带有一些"被贬谪"的性质，而

---

① 林大鼐：《故尚书考功员外郎黄公墓志铭》，黄公度：《知稼翁集》卷下，《宋集珍本丛刊》第 44 册，线装书局 2004 年版，第 510 页。

令他被贬的正是南宋奸相秦桧。黄公度跟当时的宰相赵鼎关系较好，而后来担任宰相的秦桧则视赵鼎为政敌，想尽办法铲除他。黄公度是一位有学问而又正直的人，他不肯讨好秦桧，也不肯由于赵鼎失势而背弃信义，因此受到秦桧的排斥，一直位居闲职得不到升迁。

后来，黄公度担任秘书省正字时，向长官写了一份建议，但是被居心叵测者所讪谤，罢去官职。黄公度离职路上写了《题分水岭两绝》的诗，又被谗害，说与赵鼎有关。秦桧十分生气，决定把黄公度派往偏远的肇庆任职。[①] 黄公度对此没有辩解，也知道辩护根本没有用。他也并不气馁，而是在肇庆兢兢业业，忠于职守，刚上任就平反了当地吏员污蔑书生藏金案，令举城震慑，吏民皆服。一个月之后，由于南恩州缺长官，他兼管南恩州。在南恩州，黄公度主要做了四件事：处理历史遗留积案；废除官府不合理征敛；废除厚葬习俗；重教兴学。在黄公度任上，阳江地区打破数百年无进士的纪录，走出第一位进士梁作心。黄公度在肇庆并没有私藏端砚以献权贵，谋求升迁，而是以包拯为榜样，清心自守，为民除害。他还有作《和章守元振三咏·包公堂》诗以示己志。黄公度在肇庆约八年，直到绍兴二十五年（1155）秦桧去世之后，才得以被召回朝廷任考功员外郎，可惜第二年就染疾不治，病逝家乡，年仅四十八岁。

纵观整个宋代，肇庆社会发生了重大的变化，名称从端州改为肇庆，地位从州升为府，往时的贬谪之地逐渐得到开发，朝廷遣派的官员也越来越位高权重，端砚也从唐代的崭露头角走向宋代的名满天下。一些著名的文豪、学者、书法家，亦多借各种机

---

① 厉鹗：《宋诗纪事》卷四十五，台湾商务印书馆 1986 年版，第 1485 册，第 3 页。

会亲临肇庆，考察砚坑，结交良工，访寻佳石。因此而产生的与端砚有关的诗文、著作不在少数，端砚乃至端州的各种情况亦借此被记录下来，对端砚行业、端州社会的发展帮助不少。而端州的社会治理，除了表现为政通人和、丰衣足食、吏民两悦之外，还多少与端砚产生了千丝万缕的关系。这种关系主要表现为官吏对获取端砚的态度。廉洁爱民者，端砚为其提升威望与名声；贪得无厌者，端砚为其添加骂名。而世事的浮沉，文运的隆降，对端砚行业的发展、黄冈砚工的生活带来不少影响。大量端砚因宋徽宗而涌入朝廷，流向全国；端砚亦因此同受靖康之变，仓促南渡，散失无算。

与此同时，宋代社会文化的长足发展，民众对文教事业的重视，民众文化水平的普遍提升，也推动着端砚行业走向繁荣。端州崔之才的端砚生产组织，砚工过百，年产过千，如此庞大的从业人员、数量众多的端砚，如果没有庞大的市场需求与之相适应，是不可能做得到的。端砚本身无善恶，只是工艺佳品、文房名器。但是，人心的善恶会让端砚的性质变得异常复杂，变得不可预测。人心纯则墨堂清，人心静则端砚明。端砚自古就不简单。

广府
文库

明代：理学入精微，端砚满天下

元代蛟龙砚（肇庆市博物馆藏）

明代"静夜通鞫"铭抄手砚（肇庆市博物馆藏）

明代宝月荷香砚（肇庆市博物馆藏）

王守仁《客座私祝》

肇庆府署遗址

麻子坑远景

七星岩白端遗址

坑仔岩坑洞，2000 年已封闭

宣德岩洞口

肇庆阅江楼

王守仁像

陈献章像

王夫之像（《船山全书》）

元朝并不重视隋唐以来举行了几百年的科举考试，统治者在元朝建立很久之后才逐步恢复科举制度。不过令人失望的是，元朝的科举制度有严格的种族之分，对汉人采取限制政策，汉人想考取功名并不容易。而许多有民族气节的汉族士子，也不屑于与元朝统治者合作，对科举并不积极。实际上，元朝在恢复科举考试不久之后，便走向了分崩离析，重新被汉族人建立的明朝所取代。在元朝"九儒十丐"的环境下，文教得不到重视，读书人少有政治上升空间，与文教密切相关的端砚进入低迷期。直到明朝建立之后，黄冈的端砚制作才逐渐得到恢复。明朝是继宋朝之后，社会经济、市井阶层及其文化发展比较迅速的一个朝代，文教重获发展生机，读书考科举重新成为天下士子实现阶层跃迁乃至施展政治抱负的重要途径。

　　随着明代社会秩序的恢复，肇庆地区局势趋于安稳。明代的肇庆，因为两件事，地位和知名度发生了大变化。一是岭南地区最高权力机构两广总督府移驻肇庆，一是南明永历政权以肇庆为根据地抗击清兵。宋代的端州，名义上是宋徽宗的封地，但实际上徽宗并没有亲临过，肇庆徒有皇府之名，权力和地位并没有得到实质性的提高。而两广总督府的驻扎、永历政权的建立，真正让肇庆成为岭南权力的中心。虽然永历政权很快撤离肇庆，但昔日偏处一隅的小城，短时间内迎来各方名宦、学者、动辄以万计的军队，见证过胜败往复的战役拉锯。其间，朝廷仪仗的阵势与尊贵、一朝倾覆、无力回天的惨痛和无奈，端砚作为历史的见证者，始终没有缺席过。

溯游西江陈献章

明代中前期的思想潮流、学术研究，主要还是顺应和继承南宋所开创的"理学"一脉往前发展。因此，后世有"宋明理学"的说法。不过，高峰之下后人难以为继，如诗歌极盛于唐代，宋诗实难超越，故而宋词异军突起，与唐诗相媲美。宋代理学，贤哲辈出，思想粲然，名著众多，明朝建立之初，统治者采取高压政策，思想界丧失活力，遑论突破前贤。直至新会陈献章的出现，才真正打破这种局面，探索出与明代社会、文化相契合的理学思想路径。

陈献章（1428—1500），字公甫，谥文恭，广东新会人。陈献章在正统十二年（1447）中举后，便绝意科举，转以静修为主业。他在家乡修筑春阳台，静坐参悟天理。后来，陈献章再上京师，在太学中学习，因一次考试得到祭酒的赏识，被认为是"真儒复出"，从此名震京师，被称为"活孟子"。万历年间，陈献章与王守仁、薛瑄、胡居仁一起，成为明代从祀孔庙的四位学者之一，也是岭南唯一一位从祀孔庙的学者，被后世称为"岭南一人""圣道南宗"。明末清初著名学者黄宗羲对陈献章有很高的评价："有明之学，至白沙始入精微。其吃紧工夫，全在涵养。"①可以说，陈献章是明代理学思想路径的重要开创者，与宋代理学思想的开创人物周敦颐隔代遥相辉映。有明之学，至陈献章始入精微；宋代之学，也是周敦颐继承前贤，奠基后世。

无独有偶，周敦颐于神宗熙宁年间（1069）任职广东，到端州处理过有关端砚的政务，肃清了端州的吏治，传为千古佳话。陈献章亦于成化十六年（1480）前后到过肇庆，不过他并不是在

---

① 黄宗羲：《明儒学案》卷五《白沙学案》，中华书局 2010 年版，第 79 页。

肇庆担任官职，而是慕名前往肇庆考察砚坑，品尝肇庆特色西江河鲜嘉鱼，并沿着西江，自西往东一路考察肇庆的悦城、三洲岩等名胜。陈献章是一位思想纯正、为人直率的学者，对于世间万事万物的爱憎之情并不会刻意掩饰，而是让其自然流淌、自然表露，"日用间随处体认天理"[①]是其重要主张。在肇庆，陈献章写有不少诗文，如《肇庆府城隍庙记》《过端溪砚坑》《恩平县儒学记》《寄题三洲岩》《悦城》《德庆州舟中呈伍南山》《德庆峡是年大水，舟行不由故道》《大水浮舟至七星岩顶题其上》等。其中，《过端溪砚坑》特别写到了他亲自考察砚坑的事情：

峡云锁断端溪水，白鹤群飞峡山紫。

独怜深山群鸲鹆，万古西风吹不起。

安得猛士提千钧，乱石溪边夜搥碎。[②]

　　他对于砚坑的位置及端砚制作、端砚特色有非常准确的描写，如砚坑地点在高峡山，端砚主要呈现为紫色，其中有鸲鹆眼则为上品，等等。可知陈献章是一位懂端砚的人。

　　其实，陈献章不仅是一位伟大的思想家，还是一位著名的书法家。他用茅草自制茅龙笔，相对一般毛笔而言，茅龙笔显得更加肥大，但是，用茅龙笔写出来的字体，由于茅草的散而粗，显得更加遒劲苍古，颇为质朴自然。陈献章的字和笔，在当时颇受关注。如今，由陈献章发明的茅龙笔，已被列为国家级非物质文化遗产，得到了广泛的重视和传承。因此，书法名家陈献章的茅

---

① 陈献章：《陈献章集》卷二《与湛民泽》，中华书局 2008 年版，第 193 页。

② 陈献章：《陈献章集》卷四《过端溪砚坑》，第 318 页。

龙笔配端砚，应该是一种非常不错的文房雅事。

有一位梅山周氏，雍正年间在肇庆居住过一段时间，其间适逢肇庆两度开坑，他亲到砚坑考察，咨询了不少砚工，访寻了不少端砚佳作，在此基础上撰成端砚研究专著《砚坑志》。梅山周氏获得陈献章使用过的一枚端砚，旁刻"白沙藏砚"四字，"通体斑剥墨痕绣蚀，古色可爱"①。这枚端砚尺寸不大，但却是水岩的砚石，是端砚中的上乘之材，可见陈献章对端砚的认识颇为精准和专业，他所得到的端砚是砚中佳品。陈献章亲访砚坑，对他鉴别端砚有很大的帮助。端砚文化，与访寻者是否亲到肇庆、亲临砚坑、亲往黄冈有很大的关系。所谓百闻不如一见，只有亲身接触、考察过端砚制作的全过程，才能分辨优劣，真正懂得使用端砚、欣赏端砚。

而陈献章所带给肇庆的，不仅仅是跨越明清两朝、梅山周氏和彭泰来几代人前后接续的端砚文化，更带来了博大精深的理学思想。陈献章为肇庆所撰的《肇庆府城隍庙记》，黄宗羲视为他的思想代表作，收入《明儒学案》中：

> 夫聪明正直之谓神，威福予夺之谓权，人亦神也，权之在人，犹其在神也。此二者有相消长盛衰之理焉，人能致一郡之和，下无干纪之民，无所用权；如或水旱相仍，疫疠间作，民日汹汹，以干鬼神之谴怒，权之用始不穷矣。夫天下未有不须权以治者也，神有祸福，人有赏罚，失于此，得于彼，神其无以祸福代赏罚哉！②

---

① 吴兰修：《端溪砚史》卷三引梅山周氏《砚坑志》，《端溪砚考集成》，第228—229页。
② 黄宗羲：《明儒学案》卷五《白沙学案》，第93页。

陈献章从城隍庙之神讲到一郡治理之权，彰显的不是神威的无穷而是人治的合理，心中考虑的是百姓的安居，振衰救弊，为百姓谋福利。这篇碑记，至今犹保存在肇庆七星岩上，虽然穿越几百年，但是影响直至当代，无论是官员、民众、游客，看到陈献章的碑记，只要是有心为社会做贡献的，无不肃然起敬，多多少少受到这种理学思想的感染。

嘉靖十二年（1533），陈献章的大弟子、学术传承人湛若水，为他的好友朱节写了一篇《送太守朱君之任肇庆序》，充分阐述了包拯知端州时"不持一砚归"的清廉操守，是十分值得学习和继承的优秀治政理念。[1] 湛若水，字元明，号甘泉，广东广州府增城县人，弘治十八年（1505）进士，历任南京国子监祭酒、南京礼部尚书、吏部尚书、兵部尚书等。湛若水继承了陈献章"随处体认天理"的思想，并将其发扬光大，从其学者遍天下，时人将其与王守仁相提并论，"一时学者遂分王、湛之学"[2]。朱节，字全甫，吴县人，进士。据《肇庆府志》，他在嘉靖十一年（1532）至十四年（1535）任肇庆府知府。朱节向湛若水请教为政之方，湛若水并没有引述太多大道理，只是从此前任职肇庆的包拯"不持一砚归"的美德出发，充分阐述了这种一砚不取的美德如果能够坚守、扩充开来，其实就是最好的为政理念。相反，如果地方官贪得无厌，中饱私囊，百姓就不会信任他、拥护他，就会政乱民散，社会得不到良好的发展。其核心内容，就在于在肇庆任职者对砚的取受态度。或者说，对于任职肇庆的历代官员而言，端砚是检验他们的为政得失的重要方面。

---

① 湛若水：《甘泉先生文集》外篇卷五《送太守朱君之任肇庆序》，《明别集丛刊》第 1 辑第 83 册，黄山书社 2016 年版，第 674 页。

② 张廷玉：《明史》卷二百八十三《湛若水传》，中华书局 1974 年版，第 7267 页。

阳明刻石七星岩

明代理学，至陈献章始入精微，找到思想路径，形成明代的学术特色。而将明代理学推至极致、达到成熟的，则是王守仁。

王守仁，字伯安，号阳明，谥文成，浙江余姚人。父亲王华，字德辉，成化十七年（1481）状元，官至南京吏部尚书。王守仁是明代与陈献章、薛瑄、胡居仁一起从祀孔庙的四位学者之一。他是弘治十二年（1499）进士，博学多才，思想精深，文武双全，所主张的"知行合一"思想影响了整个明代学术界。初入官场的他，因仗义执言而获罪于宦官刘瑾，被刘瑾贬为贵州龙场驿丞。龙场处在万山丛岭之中，少数民族混杂而居，号称难治。王守仁赤心至诚，虽身处逆境，犹尽己所能造福于民，得到了当地百姓的拥护，同时也在龙场参悟天理，学术思想突飞猛进，后世称为"龙场悟道"。王守仁一直受到兵部尚书王琼的赏识，正德十一年（1516）他被任命为右佥都御史、南赣巡抚，率兵到江西、福建、广东等地平乱，因功升为南京兵部尚书，封新建伯。不过王守仁并没有赴任，而是急流勇退回到家乡授徒讲学，前后约 6 年。嘉靖六年（1527），广西思恩、田州土著叛乱，总督姚镇不能平定，朝廷委任王守仁总督两广兼巡抚，赴广西平乱。其时王守仁身体状况并不乐观，但仍勉力支撑病体，沿北江南下，溯西江往广西梧州。同年十一月十八日，王守仁到达肇庆。[①]

在肇庆，王守仁游览了七星岩，并以新建伯的身份刻石："嘉

---

① 王守仁：《王守仁全集》卷六《与钱德洪王汝中》，浙江古籍出版社 2011 年版，第 238 页。

靖丁亥腊月之朔，新建伯余姚王守仁来游。"[1]王守仁在肇庆停留了约十天，"十二月，守仁抵浔州"[2]。王守仁在肇庆游览了最著名的风景名胜七星岩，应该也鉴赏过肇庆最著名的风土特产端砚，这虽然没有明文记载，但是王守仁总要书写，总要记载，接触甚至使用端砚也是情理中事。虽然王守仁在肇庆逗留的时间不长，留下的作品不多，但是，肇庆前有陈献章的频频到访，后有王守仁的稍作停留，两位都是明代的理学儒宗，是明代从祀孔庙的四位大儒中的两位，在整个明代来说，同时有陈献章、王守仁莅临的地方，除了北京、南京之外，恐怕并不多。

嘉靖十八年至二十年（1539—1541）之间，王守仁的一位弟子夏淳担任肇庆府通判。夏淳字惟初，号复吾，浙江余姚人，举人。《明儒学案》也有对他的记载。他在肇庆任职通判期间，革除了征粮的一些扰民环节，民众无须像往时那样，将羊、鹿、鹅、鸭等牲畜带到粮仓饲养，因此很快就完成了征粮的工作。后来，他被派往南雄处理一些事情，整个过程中一毫不入私囊，颇有当年包拯的清廉之风。由于政绩显著，夏淳升任广西思明府同知，不过不久就患上疾病去世，十分令人惋惜。

两广总督驻肇庆

任职肇庆的官员，不少在端砚取受方面表现优秀，如唐代有宰相韦承庆，宋代有清官包拯，明代则有知州马梦箕。

马梦箕，号南奎，浔甸（今云南昆明）人，万历四十四年

---

① 陈鏊、陈煊奎等纂修：崇祯《肇庆府志》卷三十五《艺文十》，第914页。
② 张廷玉：《明史》卷一百九十五《王守仁传》，第5166页。

（1616）由举人担任罗定州知州，任上"造士爱民，取受不苟，有却砚之风"①，为当地百姓做了很多好事，平反了不少冤狱，受到了民众的爱戴，因此升任南康府同知。

肇庆历代官员的却砚之风，在明代又与理学人物、理学思想相结合，更多地展现出廉洁、清守的内涵。而理学宗师王守仁之所以会亲临肇庆，正是由于两广总督这个官职的设置。正统朝以来，两广地区动乱频仍，为更好协调两地兵力，始有总督、巡抚之设。两广总督府始设于成化五年（1469），驻地在广西梧州。当时大多数从北方来梧州赴任的总督，基本上都取道广东的北江南下，再沿西江前往。作为广州、梧州之间的重要驿站，肇庆也设有两广总督的行台，那些取道广东赴任的两广总督，也必然会在肇庆稍做停留。换言之，在两广总督府移驻肇庆之前，两广总督亦多亲临肇庆，在肇庆处理公务或者游玩，对肇庆已有实质性的影响，而不仅仅在两广总督府移驻肇庆之后才产生。两广总督、新建伯王守仁的到来，正好说明了这一点。

巧合的是，成化年间初设两广总督，主要是为了平定广西大藤峡地区的瑶人起事；嘉靖年间王守仁所要应付的动乱，也大致发生在大藤峡地区。王守仁抵达广西后，军事征剿、理学教化、制度改革等多管齐下，实现了大藤峡地区的短暂和平。直到嘉靖十七年（1538），明廷第三次对大藤峡地区开展大规模军事行动，广西地区的动乱才告一段落。此后，朝廷用兵的重心转向广东，作为两广总督驻地所在的梧州虽位处两广之间，但毕竟与广东政治中心广州相距甚远，往来不便。嘉靖四十五年（1566），两广总督府移驻肇庆。关于移驻肇庆的原因，在于当时的两广总督吴

① 郝玉麟：雍正《广东通志》卷四十一《马梦箕传》，第 1264 页。

桂芳认为军贵权变，应时而动。自嘉靖四十五年总督府移驻肇庆算起，直到清乾隆十一年（1746）移驻广州，两广总督府驻肇庆的时间前后有180年。也就是说，在明代中后期至清代中期，肇庆一直是两广地区最高权力中心。而这180年之外的其他时间，肇庆也作为两广总督的行台，依然与两广总督产生密切联系。

实际上，明代肇庆不仅有两广总督府驻扎，还是岭西道分巡佥事兼高肇兵备的常驻之地。[①] 岭西道分巡佥事的官品与知府相同，都是四品。分巡佥事由于同时监察多个府的兵备，后来便逐渐变成介于省、府之间的职务，权力略大于知府。因此，明代中后期肇庆一地，就同时驻扎了四个行政级别的官署：两广总督府署、岭西道分巡佥事兼高肇兵备署、肇庆府署，以及肇庆附郭县高要县署。

两广总督府、岭西道分巡佥事兼高肇兵备常驻肇庆期间，各级官署也在肇庆密集设置，对肇庆的府城建设、社会文教等方面都产生了一些重要影响。

如嘉靖时期在肇庆任职的吴桂芳就提升了肇庆建设水平，得到百姓的欢迎。吴桂芳，字子实，新建人，进士，嘉靖三十六年（1557）以参政分守岭西，四十三年（1564）为两广总督。在任期间，他不仅建造了岭西道分巡公署，还奏请将两广总督府迁至肇庆。同时，他大修学官，建尊经阁，大力发展教育事业，肇庆的府城建设、官署建制、文教事业等均呈现一派秩序井然。[②] 这种说法，在分守道罗侨的传记中也有所体现："先是，仕者多假寓会城待迁"[③]。

---

① 屠英等修，胡修等纂：道光《肇庆府志》卷十二《职官》，第404页。
② 屠英等修，胡修等纂：道光《肇庆府志》卷十六《吴桂芳传》，第576页。
③ 屠英等修，胡修等纂：道光《肇庆府志》卷十六《吴桂芳传》，第576页。

同时，肇庆作为两广最高权力中心，从两广各地到肇庆的达官贵人、各种宾客，每日都络绎不绝。[①]这不仅促进了肇庆商旅交通的发展，也必然提升了肇庆工商贸易的广度和深度，促进肇庆的经济发展。在这种社会大环境之下，作为四大名砚之首的端砚，固然会成为肇庆商贸往来的重要焦点和货物，也必然成为任职肇庆的各路官员的关注对象。

砚坑开凿与封禁

自唐代开始，在端砚原产地端州（宋徽宗朝之后为肇庆）任职的官员，常常利用职权之便能获得更多或者更好的端砚。诚如湛若水《送太守朱君之任肇庆序》所指出的："岂不闻前文人之风，有仕于斯地，不持一砚而归者乎！后之君子仰其清风，而传其德政，至于今不衰乎！"[②]在肇庆工作的大小官员，都有很多与端砚、砚工、砚坑接触的机会。如何处理与端砚的各种关系，已经成为肇庆官员的重要工作内容之一。无论是正当购买，还是肆意掠取，这些官员都会对端砚倾注较多的关注。

为了保护砚坑，也为了限制专属的开坑资格，明代设有专门的守坑官员，"明制：把总一员，专辖守坑，律盗坑石比窃盗论。"[③]守坑专员一般守护着水岩、老坑等著名砚坑，不让人随便开凿。明代只有朝廷或者位高权重者才有开坑资格。

朝廷开坑，早在明朝建立之初已经进行，烂柯山坑仔岩外

---

① 屠英等修，胡修等纂：道光《肇庆府志》卷十六《王泮传》，第 577 页。

② 湛若水：《甘泉先生文集》外篇卷五《送太守朱君之任肇庆序》，《明别集丛刊》第 1 辑第 83 册，第 674 页。

③ 孙森：《砚辨》，《端溪砚考集成》，第 65 页。

有洪武四年（1371）的开坑刻石。大一统王朝重新建立之后，农业生产逐渐恢复，社会秩序逐步转好，朝廷即开始采石制砚。明朝端砚开采多由皇家垄断。永乐年间，朝廷以太监为"中使"到肇庆采水岩西洞石。①

宣德六年（1431），朝廷又组织开坑。此次开采规模浩大，参与其事的官员包括肇庆卫指挥使、同知，肇庆府知府、推官，高要县知县等。时间上，起于宣德六年十月初三，终于宣德七年（1432）四月二十二日。但这次开采所得并不理想，砚石多有花点水痕，大者长不过一尺四寸，等而下之的则比比皆是。由于该坑在宣德年间所开，后世称为"宣德坑"。采石结束时，参与者在烂柯山飞鼠岩外刻《宣德采砚记》记录此事，一直保留至今。据道光《肇庆府志》，参与开坑的肇庆知府王罃，宣德六年任，也是一个勤政爱民的官员，传记称其"增修水利，作兴学校，礼贤下士，切于爱民，至今颂之"②。据万历《肇庆府志》，宣德开坑，朝廷再度派太监到肇庆主持。③太监由于得到皇帝的宠幸，大部分都飞扬跋扈，经常做一些不法勾当，民众对此怨声载道。另一方面，开坑占用人力物力，而砚石资源有限，如果主事者逞一己私利竭泽而渔，必然引起不满。更有甚者，有主事者为了满足私欲，竟然将石工鞭笞至死。有些太监还要求肇庆进贡当地出产的珍奇飞禽，道光《肇庆府志》就记载了成化十四年（1478），肇庆府知府李燧才"申免太监进取异禽"④。可以说，太监在肇庆是作恶多端，神憎鬼厌了。

---

① 计楠：《端溪砚坑考》，《端溪砚考集成》，第31页。

② 屠英等修，胡森等纂：道光《肇庆府志》卷十六《王罃传》，第579页。

③ 郑一麟修，叶春及纂：万历《肇庆府志》卷十二《赋役志二》，第253页。

④ 屠英等修，胡森等纂：道光《肇庆府志》卷十六《李燧传》，第579页。

万历二十八年（1600），朝廷又派太监到肇庆开水岩，当时亦有石刻记其事。[①]石刻位于烂柯山水岩外，这名太监一说是李凤，一说是李敬，未有确切定论。不过，太监奉朝廷意旨开坑，应该是真有其事。

鉴于明代几次开坑均造成不良影响，万历二十七年（1599），两广总督戴凤歧在七星岩石室山外勒石警示，"泽梁无禁，岩石勿伐"[②]，倡导保护不可再生的砚石资源，不要肆意开挖，以免对其造成破坏。朝廷亦于万历三十四年（1606）"诏封闭砚坑"[③]，正式对砚坑进行抢救性保护，不再允许随便开坑，毁坏砚石资源。

不过，官员肆意开采砚石之事仍无法禁绝。崇祯五年（1632），朝廷任命熊文灿为兵部右侍郎兼右佥都御史，总督两广军务，兼巡抚广东。[④]熊文灿此前任福建巡抚时，想尽办法搜刮民脂。当他来到端砚的原产地肇庆后，便对名贵的端砚伸出了毒手。他的贪婪，与宋代的"杜万石"杜谞十分相似，都是通过野蛮的不法手段攫取大量端砚来结交权贵，以达到自己不可见人的目的。他招集石工开采老坑砚石。由于是违禁私开，熊文灿不敢白天开凿，而是打着火把夜晚工作。虽然如此，熊文灿的恶行还是昭然若揭，端砚研究者无不知道他的丑事。他所开的坑，亦被称为"熊坑"。[⑤]

① 夏修恕、屠英修，何元等纂：道光《高要县志》卷十四《金石略四》，第 191 页。
② 马呈图等纂修：民国二十七年《高要县志》卷二十三《金石篇二》，第 1460 页。
③ 马呈图等纂修：民国二十七年《高要县志》卷二十五《旧闻篇一》，第 1557 页。
④ 张廷玉：《明史》卷二百六十《熊文灿传》，第 6734 页。
⑤ 计楠：《端溪砚坑考》，《端溪砚考集成》，第 39 页。

永历帝肇庆即位

明代官署在肇庆的密集驻扎，让肇庆府城内同时常驻四级权力行政单位。而明末清初之际，永历政权在肇庆的建立，又让在肇庆驻守的行政单位提升到五个，而且有了皇帝的最高级别。也就是说，肇庆成为了永历政权的首都，是当时全国（主要是南方由南明控制的区域）的权力中心。

明朝后期，朝廷统治日益丧乱，社会矛盾逐渐尖锐，民众生活缺少保障。终于在崇祯十七年（1644），李自成率领大军攻破北京，崇祯皇帝自缢于煤山，大一统的明朝政府从此土崩瓦解。福王朱由崧在南京被拥立为皇帝，成为南明政仪的第一位皇帝，年号弘光。顺治二年（1645），清兵攻入南京，弘光帝被俘，押往北京，最终被杀。之后，唐王朱聿键在福州被拥立为皇帝，年号隆武，成为南明政权的第二位皇帝。顺治三年（1646）八月，清军又攻破福建，隆武帝被俘，绝食而死。同年十一月，唐王朱聿键的弟弟朱聿𨮁在广州被拥立为皇帝，年号绍武，在位仅一个月左右，绍武帝就因广州城破而被杀。此前，桂王朱由榔在肇庆就任监国，绍武帝被杀之后，朱由榔被拥立为皇帝，年号永历，成为南明第四位皇帝，也是在位时间最长的南明皇帝，前后在位约有十六年，与之前三位南明皇帝在位一年甚至只有一个月大为不同。朱由榔也是南明最后一位皇帝，史称永历皇帝。永历皇帝被杀之后，南明政权正式覆灭。

朱由榔监国后，各地抗清义士大量聚集于肇庆，如两广总督丁魁楚、广西巡抚瞿式耜、哲学家方以智，湖广督师何腾蛟、湖广巡抚堵胤锡也上表劝进。绍武政权覆亡后，广东地区士人转而支持永历政权，赴肇庆行官供职者比比皆是，如南海邝露、顺德陈恭尹、东莞张家珍、香山何执中、新会黄确、高要李金麟、恩平黄兴、永安钟丁先、揭阳黄奇遇、澄海谢元汴、丰顺吴六奇、茂名欧光宸、灵山仇自奇等。顺德籍状元黄士俊、香山籍大学士何吾驺则入阁成为永历朝大学士。[①] 由于政权的建立，南明朝廷需要在肇庆建立行宫及公署，安顿皇室成员、大臣、军民，还要开辟许多房舍安顿涌入肇庆的平民百姓。[②] 肇庆的商旅交通，也因此变得繁忙而密集。再次，宫廷、高官的各种朝仪也在肇庆纷纷上演。[③] 永历政权还在肇庆开科，开始选拔朝廷人才。[④]

与此同时，由于偏安政权的存在，肇庆成为了不同势力的权力争夺之地，以及永历政权和清兵的攻守目标，各种势力在肇庆发生了不少争斗和战役，让肇庆府城在一定程度上受到了重创。永历政权建立的最初阶段，不仅外部环境复杂，已经苟延残喘的明朝残余势力没有团结起来，纷纷拥立君主，互相攻击，如广州的绍武政权曾派兵攻打肇庆，桂林的靖江王朱亨嘉自称监国建立政权，与永历政权互相拉锯。而且，永明政权内部君臣也彼此不合，为争夺权力而互相倾轧。"永历诸臣党争，李元允等专政。……兵科给事中谢元汴因群臣植党营私，上目击时艰，直□忧愤。"[⑤] 方以智、王夫之等一大批志士仁人无法忍受小朝廷内部勾心斗角、争权夺利，愤然辞职离去。当清兵大军压境、永历帝驾舟逃往广西之后，留守肇庆的军队竟然在城内大肆劫掠，令人大失所望、满怀愤慨！

总的来说，肇庆只是南明偏安政权的简易首都，但一般朝廷所需之仪仗、礼节等一应俱全。而唐宋以来一直作为进贡之物的

---

① 马呈图等纂修：民国二十七年《高要县志》卷二十五《旧闻篇一》，第 1576 页。
② 马呈图等纂修：民国二十七年《高要县志》卷二十五《旧闻篇一》，第 1571、1573 页。
③ 马呈图等纂修：民国二十七年《高要县志》卷二十五《旧闻篇一》，第 1572 页。
④ 马呈图等纂修：民国二十七年《高要县志》卷二十五《旧闻篇一》，第 1578 页。
⑤ 马呈图等纂修：民国二十七年《高要县志》卷二十五《旧闻篇一》，第 1579 页。

端砚，小朝廷应该会将其作为日常文具使用，同时也会作为赏赐之物赏给有功劳的文武大臣。另外，聚集在永历政权之下的义士，不乏集官员、学者、书法家等身份于一身，平时对端砚颇有关注和研究。虽然在兵荒马乱之际不容过多顾虑身外之物，但在肇庆使用、接触端砚，或者往来于砚市、砚工之间，也是平常不过之事。如瞿式耜、邝露、王夫之，博学多才之余，胸怀力挽狂澜之志。瞿式耜官至兵部尚书，与总督张同敞独守桂林；邝露以一介书生参与广州保卫战，城破殉国；王夫之明亡后躲进山洞不与世人交接，"七尺从天乞活埋"，矢志苦读，探求古今治乱兴衰之理，与黄宗羲、顾炎武被称为清初三大儒。他们在肇庆期间，留有不少诗文之作，叙述着他们与南明王朝之间壮烈而令人扼腕的故事。王夫之撰有《永历实录》，详细记载了永历政权的历史。在肇庆，王夫之还写有《晨发端州与同乡人别》，真实描绘了他追随短命王朝时的情景：

> 日南绝征雁，桂水孤归禽。
> 遥分前渚泪，共湿故人襟。①

岸上城池证兴衰

整个明代肇庆没有士子考上状元，但是南明小朝廷驻肇庆期间，有一位状元来到肇庆投奔永历政权，他就是广东顺德人黄士俊。

---

① 王夫之：《姜斋五十自定稿》，《船山全书》第十五册，岳麓书社 2011 年版，第257 页。

　　黄士俊，字亮垣，号玉仑，万历三十五年（1607）丁未科状元，官至礼部尚书，并于崇祯九年（1636）入阁辅政，对晚明政权产生过一些影响。万历三十年（1602）担任新兴县知县的杨成乔，是黄士俊的老师。伦肇修、黄圣期，也因杨成乔的赏识而受到提拔。而黄士俊与肇庆一直保持着密切的来往关系，写过不少关于新兴县及肇庆府的文章，如《新兴洞口回澜塔记》《新兴重修龙兴寺记》《新兴邑侯杨公生祠碑记》等，至今保存在《肇庆府志》之中，对肇庆的文教事业不无积极影响。崇祯吊死煤山后，唐王朱聿键在福州建立隆武政权，以礼部尚书召黄士俊前往任职，由于路远、年纪大，黄士俊没有答应。后来，黄士俊加入了朱聿鐭在广州建立的绍武政权。南明永历三年（1649），永历帝以原官起用黄士俊，让他继续担任首辅。不过，黄士俊当时已经七十八岁，精力大不如前，尤其在兵荒马乱之际，军情千变万化，转瞬即逝，很多事情他都不能及时处理，甚至有处理不当的情况出现，以致遭到同僚非议。不久，他辞官归里，结束了他在永历政权的从政生涯，之后病逝于家乡。

　　"明末四公子"之一的方以智，字密之，安徽桐城人，崇祯十三年（1640）进士。方以智是明代著名的思想家，也是一位饱读诗书的忠贞爱国之士。其父方孔炤，官至湖广巡抚。崇祯十七年李自成攻陷北京，方以智在宫门外大哭，被乱军施以酷刑，始终不屈。后来南下投入在南京的弘光政权，但是朝廷被阮大铖等人操控，他受到排挤，于是变换姓名，逃到岭南，以卖药维生。加入永历政权之后，方以智受到重视，被授予礼部侍郎、东阁大学士的官职，入阁辅政。[1]但是永历政权的大臣们各怀己私、不

① 赵尔巽：《清史稿》卷五百《方以智传》，中华书局1977年版，第13832页。

顾大局、争权逐利，令方以智大失所望，他于是愤然辞职，再次浪迹岭南山水间。南明政权覆亡之后，他出家为僧，更名弘智，字无可，别号药地。

方以智一生著作甚丰，撰有《通雅》《物理小识》《药地炮庄》《东西均》等著作。其中，《通雅》五十二卷，是一部类书，内容十分广泛。《通雅》卷三十二《器用·纸笔墨砚》，专门论述了端砚之妙。在方以智看来，天下诸多名砚，论细润发墨，"总不如端，而歙次之。鼍矶庐山以次，皆不及也"[1]。可知他是懂得端砚的优点和本质的，这应该与他使用过端砚，亦曾在肇庆鉴赏过端砚的亲身经历有关。

方以智该文还说到"朱子暇宦此，最留心水坑石，有埋横断者极发墨"。朱子暇就是朱治㻞，嘉兴举人，崇祯年间任肇庆府同知。隆武二年（1646），福州被清兵攻陷之后，朱治㻞联同两广总督丁魁楚、大司马瞿式耜、广东巡按王化澄、广西巡按郑封、广东总镇严云从等拥朱由榔监国于肇庆。[2]朱治㻞与方以智、瞿式耜之间关系甚好，在肇庆、桂林等地常有诗歌酬答。后来，方以智不满永明政权大臣势成水火、不同心抗敌而辞职；朱治㻞则由于拥立有功，被任命为总督。永历帝在退守梧州时，留下朱治㻞镇守肇庆。方以智与朱治㻞曾在肇庆共事过，颇为了解朱治㻞所关注的端砚水岩的事情。其实，在朱治㻞在肇庆任同知期间，他还写过一首《麦章阊赠砚》的诗歌：

麦君遗我砚，采自羚羊峡。鸲之鹆之眼，审视碧光眨。白如蕉叶萌，黑比鱼云压。中有青青花，琐细不可掐。山

---

① 方以智：《通雅》卷三十二《器用·纸笔墨砚》，清刻本。
② 马呈图等纂修：民国二十七年《高要县志》卷二十五《旧闻篇一》，第1565页。

川蕴精气，匠石变遗法。雀斑几点露，鸲血两边夹。外规直且平，中池浅而狭。注兹水一泓，三宿尚容歃。我来吏端州，判牍日钩押。劳人何草草，有时服靽鞈。频年砚欲焚，是物不我甲。朝来三摩挲，贮以琉璃匣。他日抽簪回，篷窗恣赏狎。作诗崇祯年，月涂岁协洽。[1]

　　赠砚的麦而炫，字章闇，肇庆府高明县人，崇祯四年（1631）进士，历任上海、安肃知县。后来与陈子壮一起，攻陷高明城，据之以抵御清兵。在攻打新兴时麦而炫被俘，被押解广州后英勇就义。这枚赠朱治憪的端砚，石材采自羚羊峡，很有可能是水岩。该砚集鸲鹆眼、蕉叶白、青花等优质端砚所具备的多种特质于一身。由此可见，朱治憪是一个懂砚之人，十分了解端砚材质的诸多特征，这与方以智所讲"朱子暇宧此最留心水坑石"的说法一致，因为朱治憪平时最为关注水坑石的情况，所以能够准确品鉴麦而炫送给他的端砚。他对端砚的了解，很有可能就是通过肇庆当地人麦而炫获得的。而方以智对端砚的了解，则有可能就是在朱治憪的讲解和带领下获得的。方以智《通雅》对端砚的精准评价，表明他不仅在肇庆品鉴过许多端砚，同时很有可能亲自到砚坑考察过，所以对端砚的情况掌握得这么清楚。

　　方以智、朱治憪的这种做法，再一次印证了：在肇庆任职的官员，他们有职权之便增加对端砚的了解，并获得更多、更好的端砚。只不过，取受多少，以什么途径获得，就看他们自身的心术及职业的操守了。像宋代包拯的不持一砚归、周敦颐的出淤泥

---

① 朱彝尊选编：《明诗综》卷六十六，中华书局 2007 年版，第 3319 页。

而不染，是莅官肇庆者的优秀榜样。像杜谙的取砚无餍、熊文灿的夜间偷偷开坑，则是任职肇庆者的不法丑行。至于通过合法途径购买端砚，历代肇庆官员中也不在少数，只要取之有道，用之有方，并且与民同利，其实也未为不可。

另外，朱治憪与明末清初的诸多著名学者、官员来往比较多，如明末清初诗坛盟主钱谦益、在诗坛有"南施北宋"之誉的施闰章、晚明书画名家程嘉燧等，他们之间互相酬酢的诗歌非常多。其中，程嘉燧画过《还砚图》，写过端砚诗，施闰章则亲自到过肇庆拜访朱治憪，写有《端州同沈止岳金宪过朱子暇，地近七星岩》的诗歌，并一起游览七星岩（沥湖）。施闰章顺治六年（1649）考中进士之后，被朝廷派遣到广西桂林处理公务。之后，施闰章沿西江南下，一路游览了肇庆、广州等地。当时，南明政权的残余势力还在广西、云南一带频繁活动，这首诗可能就是写于此时。施闰章游览肇庆的时候，应该在朱治憪或者其他熟悉端砚的人士带领下考察过砚坑，选购了一些水岩的砚石，并据此撰写了一部关于砚台的专著《砚林拾遗》。他在该书的《跋》中，对肇庆之行的所见所闻所获做了详细的记载。①

从记载中能看出施闰章对端砚的了解颇为专业，懂得水岩的可贵，知道鸲鹆眼的奇绝。不过，施闰章出行的时间在明末清初之际，清朝虽已确立在全国的统治地位，但是地方动乱时有发生，施闰章出行的地方路程太远，时不时遇到"流贼"骚乱，在颠沛流离之间，他在肇庆所选购的端砚散失了十分之六七，十分令人惋惜。不过，这也令施闰章更加珍视这些劫余的端砚。他将在肇庆的收获和心得一一记在《砚林拾遗》之中，既是对这一段经历

---

① 施润章：《砚林拾遗跋》，《丛书集成续编》第 90 册，台湾新文丰出版公司 1988 年版，第 443 页。

的纪念，也是对端砚的钻研成果。施闰章的这种做法，后来被其他端砚收藏鉴赏家仿效，他们一旦亲临肇庆访砚坑、询砚工、觅名砚，便将在肇庆对端砚的考察、赏玩心得，写成端砚研究专著，与志同道合者交流，以此提升自己对端砚的鉴赏能力，以期寻获更多精美的端砚。

清代：
贤哲萃肇庆，砚书若繁星

清代朱彝尊铭井田砚背面（肇庆市博物馆藏）

清代朱彝尊铭井田砚正面（肇庆市博物馆藏）

清代朱彝尊铭井田砚侧面（肇庆市博物馆藏）

清代"一甲一名"砚（肇庆市博物馆藏）

清代黄任锄云砚（摄于广东省博物馆）

清代黄任太平有象砚背面
（肇庆市博物馆藏）

清代黄任太平有象砚正面
（肇庆市博物馆藏）

冯敏昌端砚（摄于广东省博物馆）

阮元端砚（摄于广东省博物馆）

清代千金猴王砚（摄于广东省博物馆）

清代天然随形砚正面（肇庆市博物馆藏）

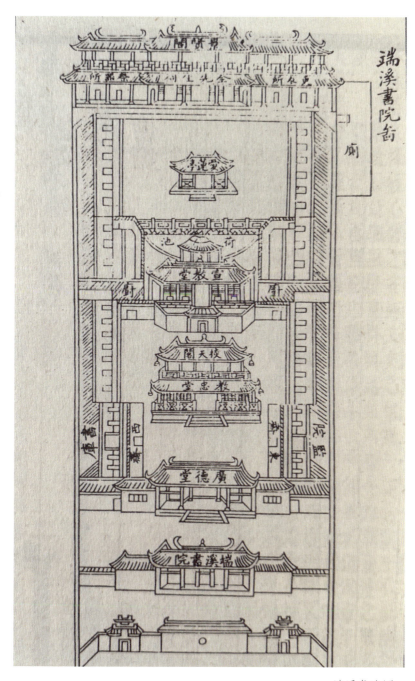

端溪书院图

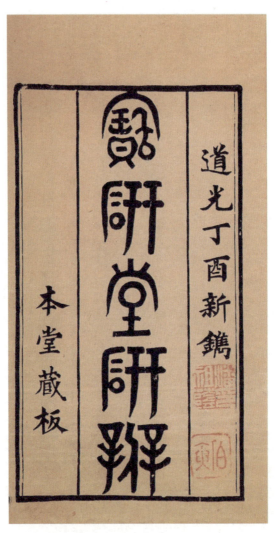

《宝砚堂砚辨》书影

朱彝尊像（《吴郡名贤图传赞》）

潘耒像（《吴郡名贤图传赞》）

東官翟張雲寫

杭世駿像（《道古堂全集》）

屈大均像

黄任像

全祖望像

袁枚像（《清代学者像传》）

阮元像（《清代学者像传》）

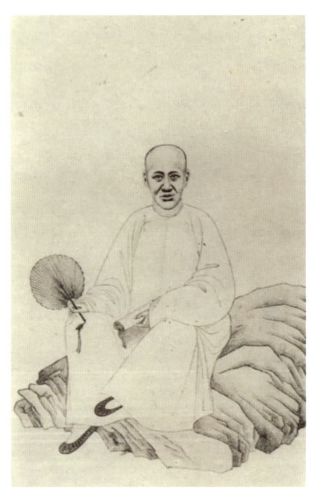

冯敏昌像

张岳崧像

张之洞《开采砚石扎文碑记》

张之洞像

经过明末清初十几年的社会大动荡之后，局势逐渐走向平稳，新秩序也逐渐建立起来。肇庆地区的民众经历了改朝换代所带来的动乱和伤痛，但清兴明亡的大势无法改变，久而久之，民众生活慢慢恢复正常。

清代初期，肇庆还是两广总督府的驻地，前后持续了约100年，直到乾隆十一年（1746），两广总督策楞才正式将府署移驻广州，将肇庆的府署改为行台。两广总督府迁离肇庆，固然对肇庆的政治、军事地位有影响。但经过唐宋明几个朝代接近千年的积淀，以及文人墨客对端砚的宣传推广，肇庆的端砚已名闻四海，跃居为四大名砚之首。端砚为肇庆的发展带来了积极的推动作用，这在清代尤其明显。

清代的不少著名学者、文人墨客、高官名宦，都比较乐意到肇庆，有些甚至不远千里来到肇庆任职、工作、游玩。其中一个很大的原因，就是肇庆出产宜用、宜赏、宜收藏的端砚。与此同时，肇庆端砚行业经过近千年的探索和发展，积聚了丰富的制作经验，技艺水平、审美观念、鉴赏理论已经达到其他时代所无法企及的高度。端砚的制作也从此前较为单纯的便于使用逐渐向观赏性转变，无论是研磨写字还是收藏鉴赏抑或送赠佳友，都能满足购买者的不同需求。因此，随着时间的推移，端砚也越来越受到社会各界的欢迎。

另外，清代肇庆开采砚坑的次数也比较多，或者说由于清代距今较近所以记载较以前详尽和具体。值得注意的是，每次开砚坑，都会吸引一大批名人学者、达官贵人前往肇庆。而且，随着砚坑的开采，几乎都会有一部专门的端砚研究专著面世。这不仅是对肇庆社会建设的一种提升，也是对端砚制作、研究、鉴赏的极大推进。不过，毫无节制、不辨精粗地开挖砚坑，也对端砚资源产生不良影响。这是社会失序、道德沦丧的必然恶果。

朱彝尊邂逅端砚

　　明末清初，广东、广西成为南明残余势力反抗清军的主要基地。地处两广交界的肇庆，更是成为双方争夺的焦点，由此造成地方局势不稳，对砚石的开采也进入无序状态。据清代著名端砚研究者吴兰修考证，从顺治三年（1646）至康熙二十六年（1687），短短41年里，肇庆"凡六开坑"，频率之高，可谓前所未有。

　　这六次开坑的具体时间、人物、经过，没有明确的文献记载。不过，《肇庆府志》记载了顺治十四年（1657）前后开坑的一些情况。顺治十四年还是清朝建立的初期，虽然南明政权的残余势力已经不足以对清廷造成太大的影响，但为了镇压有可能出现的叛乱，清廷册封了几位藩王，作为维持地方治安的主要措施。当时镇守广东的是平南王尚可喜和靖南王耿精忠。藩王镇守地方，军费均从地方抽取，耗费巨大。两藩还纵容手下烧杀抢掠，对当地秩序、民众生活造成严重影响。[1] 此时，端砚声名在外，自然被列入两藩掠夺的目标当中。两藩派遣他们的属官前往肇庆开采砚石，黄冈村的大量石工每天都被他们强逼进行高强度的采石工作，苦不堪言。不少石工由于氧气不足而被活活闷死在坑下，十分悲惨。高要知县杨雍建发现这种惨况之后，立刻向两藩据理力争，极力

---

[1] 屠英等修，胡森等纂：道光《肇庆府志》卷十七《单九翔传》，第596页。

制止这种惨绝人寰的行为。藩王的属官想用得到的端砚收买他，让杨雍建撤回请求。岂知杨雍建一身正气，不为所动，大家都纷纷赞扬他有包拯的清廉之风。[①] 后来他得到了长官的赏识，不到一年就获推荐做兵科给事中。

杨雍建字自西，号以斋，浙江海宁人，顺治十二年（1655）进士，顺治十四年（1657）任职高要。杨雍建担任高要县知县期间，邀请了他的浙江同乡、清初文坛领袖朱彝尊到肇庆教导他的儿子杨中讷学习。朱彝尊不远千里从浙江前往肇庆，约一年后杨雍建调走，他才返回浙江。朱彝尊，字锡鬯，号竹垞，浙江秀水（今嘉兴）人。他博览群书，周游南北，以布衣参与《明史》的编纂，又曾入直南书房，著述丰富，有《曝书亭集》八十卷、《日下旧闻》四十二卷，编纂有《经义考》三百卷、《明诗综》一百卷、《词综》三十卷。他在肇庆所教导的杨中讷，为康熙三十年（1691）进士，后来奉敕编纂《全唐诗》。

朱彝尊在肇庆，恰逢平南、靖南两藩王开砚坑，他怀着无比激动的心情前往观摩，写下了《步蟾宫·端溪观采砚》：

> 苍山暗束寒江转，问岩穴，探时深浅。不妨篝火夜连朝，待割取、溪云一半。　疏疏嫩叶青花遍，比刲却，羊肝更软。看来只合寄情人，已早有相思泪眼。[②]

所谓"寒江""篝火"，真实写出了开坑的时间和场景；所谓"青花""羊肝"，则细致描绘出端砚的主要特征。后来，朱彝尊又

---

① 屠英等修，胡森等纂：道光《肇庆府志》卷十七《杨雍建传》，第 595 页。
② 朱彝尊：《曝书亭集》卷二十八《步蟾宫·端溪观采砚》，上海古籍出版社 2010 年版，第 242 页。

写了一首《和程邃龙尾砚歌为方侍御亨咸作即送其入粤》的诗歌，回顾了他在肇庆观摩采砚石的这段经历：

> 我昔南游度大庾，羚羊峡口戈船划。手披烟液入岩穴，硐磳魄硊围周遮。石纹蕴秀各异状，就中最美数青花。有时精气凝作眼，碧者鹳鹆黄者鸦。火轮奔处界微白，宛似蕉叶抽春芽。其余琐细尽当辨，黄龙翠羽兼丹砂。[①]

可见在肇庆与端砚的邂逅，给朱彝尊留下了多么深刻的印象！根据在肇庆对端砚的考察和了解，朱彝尊后来还撰写了一部专门研究端砚的《说砚》：

> 予游岭表，正值采砚时，购水岩石百余，久尽散去。海盐周福杜从予学诗，以端石砚为贽，乃追忆旧日所得为说示之，俾审所择焉。[②]

朱彝尊对端砚的重视和珍惜，可以说经久不衰，历久弥新。

朱彝尊当时收藏了不少端砚，如今故宫博物院便有收藏其使用过的几方，其中最著名的应该是"暴书亭著书砚"。据故宫博物馆网站介绍："砚背覆手内阴刻朱彝尊像，上方有朱彝尊自铭：'北垞南，南垞北，中有暴书亭，空明无四壁。八万卷，家所储，鼠衔疆，獭祭鱼，壮而不学老著书。一泓端州石，晨夕心

---

① 朱彝尊：《曝书亭集》卷八《和程邃龙尾砚歌为方侍御亨咸作即送其入粤》，第102页。
② 朱彝尊：《说砚》，桑行之等编：《说砚》，第302页。

相於。宋厥象，授子孙，千秋名，身后事。丁亥（康熙四十六年，1707）春彝尊自铭'，下有'青士勒石'款。砚侧刻宋荦行书铭：'竹垞老人有宝晋斋癖，游岭南，蓄砚最富，晚得此砚，周青士为勒小像并其所白为铭，风神玉澜，石骨云瘦，对之如见米家研山，欲巾笏而拜，真神品也。朱氏子孙世宝之。商邱宋荦跋。'砚盒盖面刻心秋居士题名'暴书亭著书砚'。"在肇庆期间，朱彝尊还结交了岭南三大家屈大均、陈恭尹、梁佩兰，朱彝尊返回浙江之后，屈大均多次前往探访。康熙三十二年（1693），朱彝尊的儿子朱昆田任广东巡抚朱宏祚的幕僚时，他再次到过广州，又与屈大均等人相聚，写了不少诗歌，往来酬酢，是清朝初期广东文坛的重要历史事件。

朱彝尊在肇庆期间，还为广东布政使曹溶选录《岭南诗选》。曹溶，字秋岳，与朱彝尊同为浙江秀水人，因此两人往来较多。曹溶撰有《砚录》一卷，对砚坑、端砚制作等多方面内容做了比较详尽的记载。广东南海人陈子升有《寄曹秋岳》诗：

> 别来犹见兴飞扬，雅事曾归布政堂。亲入水岩寻子砚，自开山篓拣生香。湖梅梦破多多蕊，代雁书稀一一行。诗体更知无敌甚，戟门看试挽弓强。①

所谓"亲入水岩寻子砚"，表明曹溶在广东时到肇庆访寻过端砚，亲临过砚坑。亦有可能，就是陈子升、朱彝尊陪着曹溶一起考察砚坑的。曹溶在广州时，适逢肇庆开坑，他有机会亲自前

① 陈子升：《中洲草堂遗书》卷十三《寄曹秋岳》，台湾新文丰出版公司1988年版，第373页。

往考察，获得真实的体验和素材，因此《砚录》之作就水到渠成。

陈子升，字乔生，号中洲，"岭南三忠"中陈子壮的亲弟弟。永历政权在肇庆建立时，他亦响应号召，前往肇庆供职。与之同在肇庆的，还有陈子壮的儿子陈上图、"岭南三忠"之一陈邦彦的儿子陈恭尹。陈子壮父子与陈邦彦父子，前者为南海人，后者为顺德人，关系颇好。陈子升亦是品砚专家，他写有一部端砚研究专著《砚书》，简述了他们家长辈使用端砚的一些情况："明成、宏间，先辈所遗端砚，有老坑之外即宣德岩、朝天岩诸石。水岩开于近日。"[1] 早在成化、弘治年间，陈子升的长辈已经在使用端砚。陈子升所指的长辈，很有可能是陈绍儒、陈绍文兄弟。陈绍儒官至工部尚书，陈绍文官至通判，是陈子壮、陈子升兄弟的曾祖。此外，陈子升还写了不少与端砚有关的诗歌，如《端砚》，有"万古云凝处，渊深不可知"[2]。还有一篇《小砚赋》：

> 片石如掌，出自端溪。温侔昆璧，润胜澄泥。水岩紫云，砚惟此珍。谁其琢之，专诸巷人。堂似坳而非坳，池既凿而未凿。底欲刳而不刳，边务扩而即扩。[3]

这篇文章被屈大均收进《广东新语》卷十三《艺语·制砚》，屈氏称赞陈子升这篇赋"四语尽砚式之妙"[4]。屈大均是端砚研究专家，他这么推许陈子升对端砚的描绘，可知陈子升对端砚的了解应该不在屈大均之下。

---

① 陈子升：《中洲草堂遗书》卷二十三《砚书》二《论琢》，第 421 页。

② 陈子升：《中洲草堂遗书》卷十《端砚》，第 343 页。

③ 陈子升：《中洲草堂遗书》卷五《小砚赋》，第 278 页。

④ 屈大均：《广东新语》卷十三《艺语·制砚》，人民文学出版社 1996 年版，第 334 页。

岭南三家咏端砚

顺治十四年开砚坑之后，有明确记载的另一次开坑是康熙二十六年（1687），这一次开坑主要记载于高兆的《端溪砚石考》和屈大均的《广东新语》，他这本著作之所以能够完成，主要就是因为他去到肇庆之时适逢开坑，他得以详细考察砚坑。而且，据他记载，在开坑之前的康熙二十四年（1685），有抹灰工人在羚羊山南岸挖取泥土，准备做抹灰之用，没想到挖出了几枚宋代遗留下来的精美砚石。吴澹、张迢然二人听闻之后，不顾路程远近，立刻雇舟前往购买。这些宋砚虽然有蕉叶白的优点，但是由于长期暴露在风吹日晒之下，已经有些干枯，不够温润了。① 可见高兆对肇庆的端砚一直保持关注。

高兆，字云客，号固斋，福建闽县（今福州）人。诗歌甚佳，被称为"闽中七子"。与朱彝尊关系颇好，常有诗文往来。关于康熙二十六年的那次开坑，据高兆《端溪砚石考》，开坑之后，高兆选购了一些砚石，却发现跟他三十年前所见到的有些不太一样。带着疑问，他咨询了不少砚工，但是他们的意见都不相同，而且有护短之嫌。刚好这个时候，清初岭南三大家：屈大均、陈恭尹、梁佩兰，以及岭南著名诗人王隼，还有宁真公隆、参公宗、华严一公喆，端砚专家廖子理，一起相聚在崧台，互相鉴定这次开坑所得到的砚石的品质。② 高兆所提到的这些人物，都是著名的文学家或者端砚研究者。

屈大均、陈恭尹、梁佩兰、王隼，《清史稿·文苑一》有传。

---

① 高兆：《端溪砚石考》，《端溪砚考集成》，第 239 页。
② 高兆：《端溪砚石考》，《端溪砚考集成》，第 239 页。

屈大均，字翁山，番禺人。顺治六年（1649）前往肇庆，写了《中兴六大典书》进呈永历帝，得到赏识。明亡后参与反清复明的行动，失败后出家为僧，中年之后才还俗。屈大均是明末清初岭南著名的文学家、学者，对端砚有非常专业、精深的研究。其所著《广东新语》中，卷五《石语》，有《端石》《端溪砚石》《锦石》，卷十三《艺语》有《制砚》，专门论述端砚的沿革、地理、特征、砚坑、制作、品鉴等情况，多发人所未发，成为研究端砚的重要参考资料。

他专门写有《黄冈》组诗，从不同角度歌咏了黄冈村的端砚制作情况，也对黄冈村地理环境、历史沿革做了考证，成为后世学者研究端砚时争相征引的重要内容。如"黄冈村最好，斜对水岩开"，"此地耕桑少，人人割紫云"，"村小当高峡，家家拥石林"，"端州多巧匠，生长此山边"，"小凿从唐代，重封自宋年"，"猪肝真紫好，得水见精微"，"端溪间采砚，系艇峡江滨"，"石匠欺人甚，真岩有是非"。[①] 他还有不少作品频频写到"黄冈"砚村的情况，如《赠墨西（其三）》："真紫羊肝产峡山，墨云蒸润火痕间。磨砻一出黄冈客，洗濯频劳白玉鬖。"[②]

屈大均还写过不少与端砚有关的诗歌和端砚铭，如《吊水岩》《端州访砚歌和诸公》《从端州采砚归有作》《同张超然寻端溪水岩作》《赠祁七奕仪水岩砚》《绿端砚为严藕渔宫尹作》《大璞砚铭》《七曜研铭》《玄圭研铭》等。如今，七星岩还保存了

---

① 屈大均：《翁山诗外》卷八《黄冈》，欧初，王贵忱主编：《屈大均全集》第一册，第646—676页。
② 屈大均：《翁山诗外》卷十一《赠墨西（其三）》，欧初，王贵忱主编：《屈大均全集》第二册，第960页。

一块屈大均写于康熙二十二年（1683）的石刻"山千尺（山爽）"。高兆刊刻《端溪砚石考》时，屈大均亲自为他写了一篇序文，称赞"固斋客端州，尽得三洞之精蕴。辨晰毫芒，大泄神理。俾羚羊宝藏，一一肺肝如见，美恶精粗，莫逃渊鉴。自唐宋以来，罕有能言及此者，真端溪之幸也"①。这篇序文及高兆《端溪砚石考》的一些精辟内容，后来收入《广东新语》中。②

与梁佩兰、屈大均频繁交往的陈恭尹，字元孝，号独漉子，又号罗浮布衣，顺德人。其父陈邦彦在李自成攻陷北京之后，到肇庆投奔永历帝。陈邦彦曾与陈子壮约定，一起攻打被清兵占领的广州，但是势单力薄，败走清沅，被清兵抓获后，遭受残忍的磔刑。后人将陈邦彦与陈子壮、张家玉并称为"岭南二忠"。陈恭尹继承父亲遗志，一度参与抗清。③兵败之后，陈恭尹弃家出游，在江苏、福建、浙江、江西一带逗留了很长时间才回到广州，以诗文自娱，著有《独漉堂集》三十卷。

陈恭尹经常来往于肇庆与广州，对砚坑、砚工、端砚等情况非常熟悉。高兆著《端溪砚石考》，陈恭尹曾作跋一篇，盛赞高兆的这部著作是一部端砚研究佳作，为鉴别端砚提供了非常好的理论依据："购砚者熟阅固斋此文，更以吾说试之于水岩，十不失一二矣。"④陈恭尹还写了不少与端砚有关的诗歌，如《冬日端江舟中杂咏五首》其四："滇桂源头万里遥，一秋无雨涨全消。端坑水涸初开砚，羚峡门高暗长潮。"其五："黄冈村里砚成堆，

① 屈大均：《广东新语》卷五《石语·端溪砚石》，第179页。

② 王士祯：《渔洋诗话》卷上，《景印文渊阁四库全书》第1483册，台湾商务印书馆1986年版，第843页。

③ 马呈图等纂修：民国二十七年《高要县志》卷二十五《旧闻篇一》，第1573页。

④ 陈恭尹：《端溪砚石考跋》，《端溪砚考集成》，第240页。

市估争携趁客回。浪说老夫能识石，更无人向小舟来。"① 前者写端砚开坑，后者写到黄冈村，可知陈恭尹在肇庆的足迹遍及各地砚坑和黄冈砚村，对端砚的情况十分了解。

梁佩兰，字芝五，号药亭，南海人。自幼天资聪颖，顺治十四年（1657）乡试第一，但直到在康熙三十一年（1692）六十岁的时候才考上进士。之后选为翰林院庶吉士，又被推选为国子监祭酒。不过他基本没有在朝廷任职，一直居住在家乡。梁佩兰颇有诗名，是"岭南三大家"和"岭南七子"之一，著有《六莹堂集》十七卷。

王隼，字蒲衣，番禺人，其父王邦畿与梁佩兰等人合称"岭南七子"。南明永历政权在肇庆建立后，王邦畿奋身前往肇庆，兵败后隐居罗浮山。著有《耳鸣集》十七卷。王隼在明朝灭亡之后，到丹霞山出家为和尚，六七年之后才还俗回到家乡，著有《大樗堂初集》十二卷。他的妻子潘氏、女儿王瑶湘，都懂诗律，工于诗文。屈大均、陈恭尹、梁佩兰并称"岭南三大家"，三大家之名正是由王隼编《岭南三家集》而产生的，"王隼取恭尹诗合屈大均、梁佩兰共刻之，为《岭南三家集》。"② 王隼在清初岭南诗坛具举足轻重的地位。从他参与端砚研讨的记载看来，他对端砚亦有鉴赏能力。

---

① 陈恭尹：《独漉堂诗集》卷五，《续修四库全书》第 1413 册，上海古籍出版社 2002 年版，第 73—74 页。
② 赵尔巽：《清史稿》卷四百八十四《文苑一》，第 13331—13332 页。

包拯清风疑复继

康熙二十七年在肇庆与高兆相会的，还有"清初三大儒"之一顾炎武的弟子潘耒。

潘耒，字次耕，号稼堂，江苏吴江（今苏州）人。天资聪颖，过目不忘，自小师从同乡徐枋（清初著名画家，终身不仕清朝）、顾炎武。博通经史，精晓音韵。徐枋去世之后，救济扶助他的家人；顾炎武去世后，为其刊刻《日知录》。潘耒平时喜欢四处周游，登临山水，作文赋诗。康熙十八年（1679），应朝廷博学鸿词科，被授予翰林院检讨，主纂《明史·食货志》，向《明史》总裁提出修史八例，获得总裁好评。康熙二十三年（1684），由于言辞耿直，得罪了朝廷官员，导致被降调。不久，潘耒返乡不再任官，康熙皇帝下江南时有人推荐他复官，他也没有接受。著有《遂初堂文集》十八卷。潘耒对砚十分痴迷，收藏过不少端砚，写过不少与端砚有关的诗文。如今，潘耒使用过的一些端砚，还被中国国家博物馆、安徽省博物馆等机构收藏。

潘耒在康熙二十七年到过肇庆，写过一篇端砚理论专文《端溪砚石赋》，自称"潘子久客端州，自秋徂春。蓬门昼掩，蜡屐生尘。有客过访，寂若无人。披帷何有，砚石错陈"，可见他对当地砚石有过专门研究。这篇赋文专门论述端砚的坑材、特性、形制等，认为众多砚石中，端砚为上品，因此地有江有峡，山水秀气孕育了一方之宝。①

潘耒还为高兆的《端溪砚石考》写跋。② 在这篇跋中，潘耒

---

① 潘耒：《遂初堂集》卷一《端溪砚石赋》，上海古籍出版社 2010 年版，第 227 页。
② 潘耒：《端溪砚石考跋》，《端溪砚考集成》，第 239 页。

将自己对端砚所掌握的一些情况做了叙述，指出"端石贵重于世久矣"，但是如果不是开坑的时候，即使去到肇庆也是徒劳，不一定能得到优质的端石。他粗略计算过，宋初罢贡端砚三四百年来，开坑的次数不过也就十多次，机会十分难得。他也坦承自己十分喜欢端砚。这一点，他认为自己与高兆是志趣相投。因此，他客游端州，很有可能就是冲着开坑去的。在开坑之后，有许多人送来端砚让他品鉴，前前后后有几百枚之多。遇到好的砚石，他也满怀欢喜拿给高兆观赏。经过对比分析，他指出自己所写的《端溪砚石赋》对水岩研究更深入，高兆《端溪砚石考》的论述则较为全面、范围更广，两者互有详略、互有侧重。值得注意的是，潘耒讲到"至其地矣，而其所好不存焉，亦不能得佳品，且有不携一砚以去者"，很明显指的是宋代"不持一砚归"的包拯。可见包拯的做法，对后世任职肇庆者及对端砚产生多么大的影响。

康熙三十七年（1698），潘耒同乡的钮琇到肇庆任职，他同样是一位嗜砚之人。钮琇，字玉樵，江苏吴县（今苏州）人。康熙十一年（1672）拔贡，曾任项城县（今属河南）知县，于康熙三十七年任肇庆府高明县知县，一直到康熙四十三年（1704）在任上去世。在高明，钮琇为当地做了许多好事，如平息盗贼、修固堤围、奖励孤贫等，受到高明县百姓的爱戴。在他逝世之后，高明县百姓将其牌位供奉在名宦祠。钮琇饱读诗书，诗文著作极多，骈体文写得尤佳，著有《临野堂集》三十卷，其序言即潘耒所写，落款时间为康熙三十八年（1699），即在钮琇莅官高明县的第二年。此时潘耒已离开肇庆，去了福建，钮琇有诗《夏日稼堂从闽中以诗见寄并索和言再叠前韵奉答》可证。同时，他们也有不少往来的书信。

除了诗文创作之外，钮琇平时还十分留意身边的所见所闻，并详细地记录下来，写成笔记式著作《觚賸》。[①] 根据钮琇《自序》的落款"康熙庚辰三月既望，吴江钮琇玉樵甫书于高明官署之根青阁"，可知此书和他的《临野堂集》作于康熙庚辰，即1700年，正是钮琇在高明县担任知县的时候。《觚賸》是清初著名的笔记类作品，被《四库全书》列为"存目"，称其"幽艳凄动，有唐人小说之遗"[②]。这里所讲的"小说"并非铺陈演绎的那种文学作品，而是属于笔记类著作。钮琇在广东的所见所闻记载于《粤觚》（分上下卷），是《觚賸》中的一篇。《粤觚上》之中有一篇《石言》，专门记载他所知道的端砚的情况。[③] 他在文章中称自己是嗜砚之人，但是不太懂端砚，也没有购买端砚的能力，还谦虚地说自己的诗文水平有限，配不上名贵的端砚。因此，选录了两篇曾到肇庆游历的人所写的有关端砚的精辟之作，以解他的嗜砚之思。之所以这么选，正因为钮琇与他们有一个相同的特点，也就是大家都是"游于端"之人。当然，包拯跟高兆、潘耒及自己一样，同是游端之人，因此也选入其中。包拯清正廉明，期满不持一砚归，高风亮节，烛亮世人，照耀千古。而钮琇谦称自己做不到，后人确实也难以为继。不过，他觉得高兆、潘耒的论砚佳作鞭辟入里、离精析粗，已将端砚的好处分析得很清楚。他读到这两人的文章，"虽不持一砚，而端州之石，尽为我有矣"，已感到很满足了。

在高明，钮琇结交了"岭南三大家"之一的陈恭尹，跟他有

① 钮琇：《临野堂尺牍》卷三《与陈元孝》，上海古籍出版社2010年版，第124页。
② 永瑢等：《四库全书总目》卷一百四十四《觚賸提要》，《景印文渊阁四库全书》第3册，台湾商务印书馆1986年版，第1054页。
③ 钮琇：《觚賸》卷八《粤觚下》，《续修四库全书》第1177册，上海古籍出版社2002年版，第93页。

颇多的诗歌往来，并在写给他的一封书信中指出："竟不知粤东三大家诗，行海内已二十余年……唯生平口未尝鲜荔枝，目不识陈先生。"[1] 同时，由于陈恭尹是岭南文坛名家，钮琇请他提供一些关于岭南的故事异闻，以便他更好地编纂《觚剩》。[2]

实际上，钮琇在《觚剩自序》中说自己无力购买端砚应该是谦词，因为他自己写过不少端砚铭，如《青花砚铭》《七星砚铭》《方砚铭》，说明他在高明做官期间还是使用过端砚的。而且，钮琇当时使用过的一些端砚还保存至今，如清钮琇铭长方淌池端砚，上有"余官于粤，遍采东西两洞，惟得此片石以为箧中之珍秘云。玉樵"的铭文，可知他当时还是亲自考察过著名砚坑，在他的能力范围内购买过一些端砚。因此，他在《觚剩》中自称"不持一砚，包孝肃之清风，岂能复继"，这确实是真话。另外，他的砚铭说"遍采东西两洞"，不知道康熙三十七年（1698）前后肇庆是否有开过砚坑，目前尚无明确材料记载这件事。不过，康熙三十七年前后，肇庆府高要县另一位官员写过一部端砚研究专著《砚坑述》，对端砚的相关情况做了比较全面、细致的论述。这位官员就是高要县知县景日昣。

伉俪情深十砚轩

景日昣，字冬旸，号嵩崖，河南登封人。康熙三十年（1691）进士，是清代河南著名学者和医学家，官至礼部侍郎、户部侍郎，致仕后回到家乡，曾在嵩阳书院讲学。他一生著作颇丰，有《说嵩》

---

① 钮琇：《临野堂尺牍》卷三《与陈元孝》，第 123 页。
② 钮琇：《临野堂尺牍》卷三《与陈元孝》，第 124 页。

《嵩岳庙史》《嵩台随笔》与医书《嵩崖尊生》等。

景日昣于康熙三十六年（1697）至四十二年（1703）任高要县知县，前后约七年。在高要任职期间，景日昣做了许多好事，《高要县志》称赞他："百余年来儿童走卒，无不知景侯者"①。在景日昣离任之后，高要百姓特意修建了嵩厓书院来纪念他。他最为高要百姓所称赞的好事是他主持修复了被洪水冲决的景福围。

康熙四十年（1701）夏天，西江突发大洪水，黄江圩受灾尤为严重，被冲坏的房屋超过两万间，被淹没的田地七千多顷，民众无家可归，不得不跑到附近的高地之上躲避。眼见百姓流离失所、衣食无靠，知县景日昣就亲自载米送到灾民手上，很多人因此存活了下来。水退之后，景日昣又组织官民一起运载了大批山石，修复了崩决的堤围。②作为肇庆最主要的端砚生产地，黄冈村受到水灾的影响，端砚生产工作遭受严重破坏。

其实，景日昣也是一位端砚爱好者，他曾经写过一部《砚坑述》，专门考察、辨析肇庆砚坑的沿革和基本情况。他在书中称自己来肇庆三年，对端砚很是喜好，有过开坑取砚石的打算，只不过开坑花费巨大，一时无法承担。他还自述在天宁寺前水街砚市发现了一些纯色紫砚，没有端砚所特有的火捺、蕉白等材质，问过砚工之后得知，这是出自羚羊峡龙门汛东边山上的砚石。景日昣也曾到这个叫作"亚婆坑"的地方实地考察过，坑很小，坑中也没有水，石质很一般。平时善于留心端砚的景日昣突然领悟到，他在广东意外找到的并没有端砚优点的所谓紫端，其实都是这些便宜货，徒有外表，并不适合磨墨使用。③有了这些实地考察

---

① 马呈图等纂修：民国二十七年《高要县志》卷十五《景日昣传》，第 836 页。
② 马呈图等纂修：民国二十七年《高要县志》卷二十五《旧闻篇一·纪事》，第 1587 页。
③ 景日昣：《砚坑述》，《端溪砚考集成》，第 153 页。

的经验和心得，他就专门撰写了一部论述端砚坑材的《砚坑述》。

综合钮琇与景日昣的端砚著作，他们任职肇庆的时候曾开过砚坑也不是完全没有可能。因为，如果作者没有实地考察砚坑，或者所开的不是水岩等优质砚坑，他们就不可能真正接触到优质的砚材，也就无法对材质或者砚坑的特质进行对比研究，得不出准确的评述，他们的端砚著作就失去了实际意义，只是一些肤浅的理论而已。

雍正年间，肇庆两次开坑，梅山周氏在此期间撰写了一部端砚研究专著《砚坑志》。梅山周氏，其名已佚，他在《砚坑志》中自称，雍正元年（1723）肇庆开砂皮、飞鼠、文殊三坑时，他到砚坑选购砚石，同时对周边的砚坑作了考察。雍正三年（1725），肇庆又开水岩，他兴高采烈，不仅亲自过去采石，还走进岩洞，进行了一番细致的考察，前前后后采了二百多块砚石。在肇庆，他还意外获得了一枚陈献章的"白沙藏砚"，视为珍宝，并在砚上刻上"梅山周氏真赏"。事实上梅山周氏不仅考察过肇庆的砂皮坑、飞鼠坑、文殊坑、水岩，还考察了亚婆坑、白婆坑、黄坑、将军坑（北岭坑）、七星岩石、小湘岩等。这些砚坑考察、采石的丰富经验，为梅山周氏《砚坑志》的撰写提供了不可多得的基础条件和众多素材。至于"其它处余未亲历者，不敢以道路传闻附会其说"，并没有记录在他的《砚坑志》中，表现出无征不信的严谨态度。从他知道端砚制作的核心区域是黄冈村，可见梅山周氏应该到过黄冈村，也跟当地的砚工交流、合作过，从中获得了不少有关端砚的相关知识和经验。这些经历为他《砚坑志》的写作提供了不少理论支持和借鉴。

在雍正年间肇庆开砚坑期间，有一位清代端砚收藏大家刚好也在肇庆任职，他就是福建永福县（今永泰县）人黄任。黄任，字莘田，号十砚老人，康熙四十一年（1702）举人，雍正二年（1724）至五年（1727）任四会县知县。黄任才思敏捷，判案迅速，不用半天就能将一日的公务处理完毕。四会县有龙腹堤、大沙堤，捍护着当地的千百顷田地。有一年堤坝被大水冲毁，他捐钱加以修复。他是一位风雅之人，喜欢吟诗作赋，往往在公务结束后与当地的士子才俊谈诗论道。不过，他的上司并不喜欢黄任这样做，于是借机会找借口将他罢免。黄任也不留恋官场，毅然与家人返回福建。驾舟离去之际，黄任"惟端坑石数枚，诗束两牛腰而已"[1]。可见黄任对端砚的喜爱程度。

其实，黄任对端砚可谓痴迷，他每到一个地方都会到处访寻砚台。在肇庆期间，黄任更是经常外出访寻高品质的端砚："宰粤东四会，兼摄高要。高要故领端溪三洞，而莘田有砚癖，喜过其望。"[2] 这时，肇庆刚好开砚坑，他欣喜若狂，写了一首诗详细记载这件事："他山半亩佃秋烟，琢得方形井地连。自笑不曾持一砚，留将片石当公田。"[3] 多年之后，他还津津有味地写了一首很长的诗歌回顾这件事："我昔命工凿两洞，斧斤竟日空丁丁。捧持一片天所与，褐夫怀璧恒恐惊。"[4] 黄任的这枚"井田形"端砚，如今被收藏在故宫博物院。他曾写过一首诗描述自己对端砚的痴迷："每日摩挲三两遍，共君上下百千年。含潮细腻呵能滴，聚沈淋漓啜亦鲜。"[5] 最为难得的是，黄任的夫人与他一样也是砚迷，他在《悼亡二十八首（其九）》指出："端江

---

① 屠英等修，胡森等纂：道光《肇庆府志》卷十七《黄任传》，第 595 页。

② 陈兆仑：《秋江集序》，黄任：《秋江集》，上海古籍出版社 2010 年版，第 332 页。

③ 黄任：《秋江集》卷三，第 362 页。

④ 黄任：《秋江集》卷五《赠砚行寄呈西昌公》，第 397 页。

⑤ 黄任：《秋江集》卷六《香草斋杂咏四首·砚》，第 408 页。

共汝买归舟，翠羽明珠汝不收。只裹生春红一片，至今墨渖泪交流。"并有自注称："予宰端江日，孺人蓄一砚，肤理细腻，紫翠焕发，砚背刻'生春红'，盖取'小窗书幌相妩媚，令君晓梦生春红'之句。孺人摩挲不去手。迩来砚匣尘封，昨开砚，墨光尚滴也，痛何可言！"[1]

黄任与其夫人在肇庆期间精心选购了十枚材质上乘、雕刻精美的端砚，将家中的书斋命名为"十砚轩"，他在《岁暮奉檄至开建广宁二邑录囚归舟无事成诗四首（其三）》中有所说明："惭负小轩颜十砚，满船簿领下端溪。"自注称："十砚轩，余家中斋名。"[2]黄任的"十砚轩"是清代著名的藏砚之所，如今还有几枚"十砚轩"藏砚被故宫博物院收藏。"十砚轩"的建造，就是在他任职肇庆府四会县知县时开始的。回到家乡，黄任又建有一个藏砚的"东井山房"。

对于砚工，黄任也非常关注，并不苟且。在肇庆时，他发现黄冈村的女性砚工比较多的现象："五色炼来供绚烂，掺掺磨遍越珠娘。"自注："黄冈制砚数千家，多出女手。"[3]在任职期间，他还专门请了两名专业的砚工为他雕制端砚："余友董沧门、杨洞一，皆善制砚，兼工篆刻，客予署中三岁。"[4]被罢职回福建之后，他还带着优质的端砚石材，找到全国著名的制砚高手顾二娘为他亲自雕刻："一寸干将切紫泥，专诸门巷日初西。如何轧轧鸣机手，割遍端州十里溪。"[5]

① 黄任：《秋江集》卷五《悼亡二十八首（其九）》，第390页。

② 黄任：《秋江集》卷三《岁暮奉檄至开建广宁二邑录囚归舟无事成诗四首（其三）》，第359页。

③ 黄任：《秋江集》卷三《叠前韵奉柬余田生京兆（其十四）》，第372页。

④ 黄任：《秋江集》卷四《题林涪云陶舫砚铭册后（其十二）》，第371页。

⑤ 黄任：《秋江集》卷二《赠顾二娘》，第355页。

黄任也经常以包拯"不持一砚归"的高风亮节自砺，他的诗文中经常提到，如"自笑不曾持一砚"，明显用了包拯这一典故。当他带着端砚离开肇庆的时候，"至掷砚沙，曰：人生不可有嗜好，吾有砚癖，惭见此君矣！命榜人拿舟从他路去"[1]。宋代包拯不苟取一砚的廉正态度，直至清代依然焕发着思想魅力。

开坑纂志载"盛世"

乾隆十七年（1752），浙江钱塘（今杭州）人吴绳年任肇庆府知府。他在任期间既开砚坑，又著砚书，得石千枚，上奉朝廷，下送同僚同好，在清代肇庆端砚发展历史上留下重要印迹。

吴绳年，字淞岩，乾隆十七年以监生任肇庆府知府，直至乾隆十九年（1754）由陈凤友接任，在肇庆前后约三年。其间，他聘请了著名学者何梦瑶，与广东肇罗道署按察使彭端淑一起修纂了乾隆版《肇庆府志》。关于吴绳年开坑的时间，吴兰修《端溪砚史》认为："其《端溪砚坑志》三卷，作于乾隆十八年癸酉，其开坑当在十七年壬申也。"[2]据梁诗正《端溪砚志序》："予表弟吴君淞岩以才擢守肇庆，越二年，政成事理。端溪其所治也，遂以余闲，相视开采。"[3]杭世骏《端溪砚志序》："吾友钱唐吴君淞岩守肇庆之二年，因民利导，百废俱修，适当开采。"[4]梁、杭两人均说吴绳年是在肇庆就任的第二年开坑。因此，吴绳年在肇庆的实际开坑时间应该为乾隆十八年（1753）。升坑采砚之后，吴

---

① 屠英等修，胡森等纂：道光《肇庆府志》卷十七《黄任传》，第 595 页。

② 吴兰修：《端溪砚史》卷三，《端溪砚考集成》，第 221 页。

③ 梁诗正：《端溪砚志序》，《端溪砚考集成》，第 121 页。

④ 杭世骏：《端溪砚志序》，《端溪砚考集成》，第 124 页。

绳年对端砚的认识加深,"予既躬历其地,备阅夫砚材之妍媸好丑,觉于前人未言之见闻,颇获半解。"[1] 吴绳年在王永熙的协助下,撰写了《端溪砚志》三卷。

吴绳年此次开坑,声势、规模都很大,不仅收获的良石多,还吸引了一大批知名学者在开坑之际汇聚在肇庆。这主要体现在吴绳年《端溪砚坑》的序多,写序的作者级别非常高。

《端溪砚志》第一篇序为时任吏部尚书梁诗正所写,梁诗正是吴绳年的表哥,先后被授予户部、兵部、刑部、礼部尚书,兼协办大学士,身份十分显赫。从梁诗正的序,可以看到当时吴绳年开坑、著书的一些情况。通过开坑采石,吴绳年对砚坑的古今不同、砚石材质的优劣、石工开坑的艰辛,甚有体会,于是根据开坑所得,撰写了《端溪砚志》。请梁诗正写序,当然还附上了端砚作为润笔。梁诗正也确实是比较正直的大官,吴绳年开坑、著砚书、送了端砚请他写序,他也如实记载于序言中。其实,梁诗正是想以小见大,通过讲述吴绳年对端砚的细致考究,表达吴绳年也是勤政之人。他在《端溪砚志》序中是这样记述的:

> 夫一砚材之细,而审订精核若此,则其治民率属可知矣。……或谓宋包孝肃知端州,秩满不取一研,史册称美。岩毋乃异是乎?予谓不然。孝肃之不取一研,表其廉也。淞岩之有事兹役,普其利也。以山川精气之结,供承明著作之资。上以贡之朝廷,下以赠之宾友。取多用宏,裨益斯大。岂可以彼而例此?[2]

---

① 吴绳年:《水岩大西洞砚石说》,《端溪砚考集成》,第 129 页。
② 梁诗正:《端溪砚志序》,《端溪砚考集成》,第 121 页。

梁诗正将包拯不持一砚归的高风亮节与吴绳年的做法对比，一方面可知包拯在肇庆的廉政已经深入人心，另一方面也表明吴绳年这次开坑，因为做到了上下共欢、与民同利，所以没有受到百姓的诟病。

《端溪砚志》第二篇序为时任广东肇罗道、署按察使彭端淑所写，彭端淑也算得上是吴绳年的上司，他们相处比较融洽，一起修纂《肇庆府志》、增修端溪书院、聘请名家担任端溪书院山长，为肇庆文教事业做了不少贡献。其实，彭端淑也是懂砚之人，其序自称之前在京城获得了一枚端砚，中间为蕉叶白，四周火捺环绕，用了几年，能蓄水，不拒墨，不损毫。可见其实是端砚中的上品。他在使用过程中也发现，其他带青花的端砚与这枚端砚无法比拟。已有一定端砚鉴赏能力的彭端淑到肇庆之后，得到吴绳年介绍端砚的更多信息。彭端淑也颇为折服，评价《端溪砚志》"博采古今评论，又自为说记，极详且悉"。进而称赞吴绳年："淞岩守肇，留心民事，兴利剔弊。而于砚琐事，亦务精详如此。"[1]与梁诗正的看法比较一致，彭端淑也认为不苟于砚的人，应该也是不苟于政，能够为民兴利。这应该是在肇庆任职的官员的重要操守和责任，能正确处理与端砚的关系，也就能治理好肇庆。

《端溪砚志》第三篇序为时任端溪书院山长全祖望所写。全祖望，字绍衣，浙江鄞县（今宁波）人，乾隆元年（1736）进士。他博通经史，为人耿直有节气，经学、史才、词科，三科兼备，名重士林。因在修纂《明史》的问题上与张廷玉意见不合，愤然辞官归里。他十分仰慕"清初三大儒"之一黄宗羲的为人和学术，续纂黄宗羲未完成的《宋元学案》，又七校《水经注》，三笺《困

---

① 彭端淑：《端溪砚志序》，《端溪砚考集成》，第122页。

学纪闻》。另著有《经史问答》十卷、《鲒埼亭文集》五十卷。乾隆十七年，全祖望受邀请担任端溪书院山长。同时，他的好友杭世骏受邀担任广州粤秀书院山长。于是，他们一起，经过万水千山，前往广东赴任。他在肇庆完成了《水经注》的第七次校勘，治学严谨，教学有方，对肇庆乃至整个广东的学风产生了重要影响。全祖望的序指出：

> 明人所重唯端研，故石洞叶先生春及以讲学魁儒，亦为《端研谱》，而今《端志》莫之载也，岂非文献脱失乎？吾友吴兄淞岩守肇庆，政通人和，有事开采，因为《端溪小志》三卷，是固图经之鼓吹也。其时予开讲于溪上，因得为之序。[1]

在吴绳年开坑之际，全祖望也获得了一些材质不错的端砚，并送给好友杭世骏，杭世骏为此写了一首《全山长赠余端石四片归斫为砚》诗记其事。在端砚的原产地，善于考察山川地理历史沿革的全祖望，还细致考察过黄冈村的端砚制作情况：

> 端州白石净于玉，端州锦石烂如云。
> 黄冈十里皆石户，女郎亦参追琢勋。[2]

全祖望还专门写了一篇《宋枢密蒋文穆公端砚记》，对端砚的特征作了一番考证，深得端砚神髓。民国二十七年《高要县志》

---

① 全祖望：《端溪砚志序》，《端溪砚考集成》，第123页。
② 全祖望撰，朱铸禹汇校集注：《全祖望集汇校集注·鲒埼亭诗集》卷十《牂柯江上偶然作（其十六）》，上海古籍出版社2018年版，第2304页。

附志下篇《文征二》在文后称赞他：

> 乃端砚中最可珍贵者，文尤考证精博，断制森严，故亟录之。[1]

只可惜全祖望由于身体原因，同时离家千里，思归心切，于第二年就返回家乡了。而与全祖望一起到广东的杭世骏，则继续在粤秀书院任职，直到乾隆十九年才离开，《端溪砚志》的第四篇序正为杭世骏所写。

杭世骏，字大宗，号堇浦，浙江仁和（今杭州）人。雍正二年（1724）举人，乾隆元年（1736）与全祖望一起被荐举博学鸿词科，被授予御史的官职，一生勤于著述，著作颇多，有《道古堂文集》《榕桂堂集》《石经考异》《两浙经籍志》《历代艺文志》《经史质疑》等。后来，由于诏问时回答不合乾隆意旨，杭世骏被革职，直到乾隆十六年（1751）才被平反，之后与全祖望一起到广东的书院任职。

杭世骏曾经到过肇庆，考察端砚制作的情况，如《羚羊峡歌》："如神巧匠出乡里，日思推刃真难谌。是谁作俑石制砚，墨海醋饱金壶斟。"[2] 在他所写的《端溪砚志序》中，他提到吴绳年开坑所得砚石有上千块，不过吴绳年并没有独占，其中品质最好的上贡朝廷，次者分赠给不同的官员和参与其事的同僚。吴绳年担心别人批评，所以将开坑的情况及开坑所得详细记录在《端溪砚志》里面。在肇庆任职的历代官员，始终受到包拯不持一砚归的

---

① 马呈图等纂修：民国二十七年《高要县志》附志下篇《文征二》，第 1819 页。
② 杭世骏：《道古堂诗集》卷十八，上海古籍出版社 2010 年版，第 621 页。

事迹影响，假如在任职期间大肆开坑取砚，容易受到诟病。因此，杭世骏继续指出，包拯的廉洁清明固然是在肇庆任职的所有官员的榜样和模范，但是包拯的做法并不是所有官员都能做得到的。因此，只要处理好端砚的取受关系，做到与民同利、不怀私心、取之有道、用之有法，那么，肇庆的社会治理也会提升到一个更高的水平。

通过以上几篇序可知，吴绳年这次开坑是经过精心部署，谨慎进行的。开坑过程及信息比较公开，所得砚石的去向也比较清楚，已经较好地体现出取之于公而用之于民的作风。很明显，这是社会秩序日渐规范、文治管理水平日渐提升的体现，与之前乱世时的偷开、私吞、独占有很大区别。吴绳年送赠砚石的范围非常广，不只限于达官贵人，与他相知相识的一些文人学者，他也以砚相赠。如与杭世骏齐名的汪沆也收到吴绳年的赠砚，汪沆写了一首诗《谢吴淞岩太守惠西洞砚石兼呈陆中丞》给吴绳年表示感谢。对于在肇庆任职的官员来说，治砚其实就是治政，如何处理与端砚的关系，颇能反映官员的理政水平。

《端溪砚志》还有第五篇序，由著名学者沈廷芳所写。沈廷芳，字畹叔，浙江仁和人，杭世骏的同乡。他也是通过博学鸿词科授职御史，后来由于工作有成效，升为河南按察使。他文章学方苞，诗歌学查慎行，诗文都写得很好，著有《隐拙斋集》《十三经注疏正字》《续经义考》等。沈廷芳博学多才，在全祖望之前担任过端溪书院院长，后来主纂了乾隆《广州府志》，在肇庆、广州等地逗留过很长时间，在文坛颇有威望。沈廷芳也很懂砚，自称有砚癖，收藏了很多端砚，书斋命名为"砚林"。诸多砚台中，他尤为珍视"鹅子"和"龙池浴日"的两方砚台。"鹅子"是曾任广东布政使、户部右侍郎的曹秋岳送给沈廷芳之父的礼物。沈父去世后，由沈廷芳收藏。砚顶有两个够鸲眼，侍郎有诗云"不信穷途知己在，一双够鸲眼长青"。"龙池浴日"则是乾隆皇帝御赐，以砚池镌双龙捧日得名。二砚皆端溪下岩石。[①]吴绳年也在《端溪砚志》卷卜，引述了沈廷芳《隐拙斋集》中一篇有关清初文坛领袖王士禛的端砚文章，可以说吴绳年与沈廷芳是趣味相投了。

《端溪砚志》还有三篇跋，其中一篇由广东名学者、名医何梦瑶所写。何梦瑶，字报之，号西池，南海人。何梦瑶是清代一位全才式的学者，博通经史与音律算术，还是著名的医家。一生著述颇丰，有《菊芳园诗钞》《皇极经世易知》《伤寒论近言》《妇科良方》《医碥》等著作存世。著名经学家惠士奇担任广东学政期间，何梦瑶向他学习，与劳孝舆、岁人人等人合称"惠门八了"。何梦瑶雍正八年（1730）考上进士，历任阳朔知县、辽阳知州等职。后来他返回广东，担任过粤秀书院院长。再后来彭端淑邀请他担任端溪书院院长，前后约十年之久。乾隆二十四年（1759），彭端淑、吴绳年组织修纂乾隆《肇庆府志》，即以何梦瑶为主纂。作为端溪书院院长及乾隆《肇庆府志》主纂，何梦瑶在吴绳年开坑之际，也获赠了几枚端砚，"其一纯粹无瑕额，青龙细若游尘；其一肌理清润，旁有银线"。[②]通过这次开坑以及吴绳年的赠砚，何梦瑶应该是大有收获。

从吴绳年《端溪砚志》所收录的几篇序跋可知，作者的身份不是高官就是学者，而且几位学者几乎都当过端溪书院的院长。可以这么说，端砚在吸引知名学者到肇庆工作、教学方面，具有非常重要的积极意义。

---

① 沈廷芳：《端溪砚志序》，《端溪砚考集成》，第 126 页。
② 何梦瑶：《端溪砚志跋》，《端溪砚考集成》，第 163 页。

名贤端州访亲友

像宋代、明代那样，清代也有不少在广州或者广东其他地方任职的官员、学者，借在广东工作的机会，或者特意前往，或者工作、访友顺路经过，到肇庆了解一下端砚，或者选购使用，甚至带回去赠送亲友。

乾隆三十五年（1770），时任广州知府的清代著名史学家赵翼，就借工作之机，亲自到肇庆访寻过端砚。赵翼，字耘松，号瓯北，江苏阳湖（今常州）人。乾隆二十六年（1761）探花，历任广西镇安府、广东广州府知府。赵翼是一名典型的学者型官员，他精于史学，所著《廿二史札记》是清代三大史学名著之一；同时诗学造诣颇深，是清代诗坛“性灵派”的代表人物，所著《瓯北诗话》是著名的诗歌理论著作。还著有《皇朝武功纪盛》《陔余丛考》《檐曝杂记》《瓯北诗集》等，与袁枚、蒋士铨齐名（袁枚于乾隆四十九年到过肇庆）。在肇庆，赵翼亲自到黄冈村考察端砚制作情况，并作《端溪》诗：

扁舟晚泊羚峡口，间访端溪古石薮。前村呼取老石工，为余指点述缕缕。是山到处有砚材，文殊宣德皆凡胎。屏风背下穴三尺，乃是水岩宋所开。其中东洞胜西洞，洞内又分三层缝。上层粗燥下层腐，尤以中层为贵重。云气水气入石濡，石亦化作云水腴。切以鷿鹈刀一片，磨以蚺蛇砂几铢。嫩于三岁婴儿肤，手一握之汗若酥。杀墨乃如磁吸铁，研磨无声云自敷。数日不散光黯黮，宿墨一洗仍了无。斯为品中最上上，鹳斑鸲眼犹皮相。青花隐约差可凭，火捺有无不足尚。近来此坑亦渐空，非有大力难施功。皭

水先费千人力，入窦要瘘七尺躬。燃灯在脐仰面凿，一卷
艰与尺璧同。人间无此嗜奇之豪客，当道无此好事之钜公。
黄冈村民家卖砚，乃是赝质欺愚蒙。我闻其言一笑呵，此
州官场物力夥。既弗沾溉饿黧桑，又莫馈遗瘦饭颗。何不
结此翰墨缘，洞天割取紫云朵。虽殊包老投石沉清泠，差
比郁林归装压磊砢。①

赵翼将端砚的产地（石出羚羊峡，工出黄冈村）、地理环境、
行业情况、主要特点等浓缩在这首《端溪》诗之中。如果不是实
地考察过肇庆砚坑，并对端砚本身有较为深入的了解，很难写得
这么细致和专业。

据清代计楠的《端溪砚坑考》所载，乾隆四十二年（1777），
两广总督杨景素曾用三千余金开大西洞砚坑，获得了不少优质的
端砚，有一些还是难得一遇的佳品。有一种澹青如羊肝石者，尤
不易得。②杨景素，字朴园，江苏江都人，是江南提督杨捷的孙
子。历任河南按察使、甘肃布政使、直隶布政使等。杨景素在乾
隆四十二年（1777）任两广总督，第二年即调任闽浙总督。在广
东任职的一年间，杨景素花了很多人力、物力开肇庆大西洞。③
前文所述官员多为文官，文化素质较高。而杨景素则是行伍出身，
以军功跻身仕途。乾隆一朝，贪官污吏众多，和珅最出名。杨景
素自不能与和珅相比，但也存在贪赃枉法的问题，坊间传为乾隆
私生子的福康安弹劾杨景素，在两广"婪索商捐六万余"。杨景
素能以二千金开大西洞，很有可能就是他向富商勒索所得。

---

① 赵翼撰，李学颖、曹光甫校点：《瓯北集》卷十八《端溪》，第 368 页。

② 计楠：《端溪砚坑考》，《端溪砚考集成》，第 35 页。

③ 赵尔巽：《清史稿》卷三百三十七《杨景素传》，第 11054 页。

　　杨景素之后的乾隆四十五年（1780），肇罗分巡道孙嘉乐组织开凿大西洞砚坑。孙嘉乐，字春岩，浙江仁和人，乾隆二十六年（1761）进士，乾隆四十三年（1778）分巡肇罗道，四十七年(1782)升任四川按察使。他与袁枚是好友，袁枚在《随园诗话》中写有几篇与他有关的文章。据时任肇庆知府的袁树所记，孙嘉乐开大西洞并不是很顺利：刚动工就下起大暴雨，没办法施工。为了赶工时，召集了二百多名工人日夜抽水，约四个月之后才逐渐看到洞中的砚石。第二年春季，突然从山上跑来一只老虎，怎么驱赶也不愿离开。没过多久，又到了春雨季节，坑中水涨，没办法继续开采，只好作罢。

　　记载这件事的袁树，字豆村，号香亭，是袁枚的堂弟，与孙嘉乐同为浙江仁和人，乾隆二十八年（1763）进士，乾隆四十六年（1781）任肇庆府知府，乾隆四十七年（1782）五月护理肇罗分巡道。袁树到达肇庆的时候，孙嘉乐刚结束采石不久。袁树也是酷爱端砚之人，开采砚未竟其功，他难免有遗憾和不甘。刚到肇庆，他就积极访寻端砚行家和砚工，为达官贵人搜罗、购买了不少端砚。刚开完砚坑的孙嘉乐，应该是袁树请教和咨询的重要对象。令他喜出望外的是，时任广东布政使的郑源璹在同一年冬天又准备开挖大西洞，并且委托袁树全程负责开坑工作。不过，这次开坑似乎也不是很顺利，一是开坑太迟，抽完坑水已经是第二年正月，较往常足足迟了一个月。开挖仅一个月左右的时间，洞里面就突然间开始涨水，不得不停止采石。事后，根据开坑所得砚石制成端砚，总共只有120多枚，数量并不是很多。袁树在肇庆任职前后，很幸运地遇到两次开挖大西洞，只可惜开坑都不是很顺利，所得到的端砚也寥寥无几。不过，由于有了这些难得经历和接触了大量的砚石、端砚，袁树得以撰成《端溪砚谱记》，将两次开挖大西洞的情况都详细记载下来，同时也将在此过程的心得经验整理记录在其中。

受到堂弟袁树的邀请，袁枚约在乾隆四十九年（1784）到肇庆探访袁树。袁枚，字子才，号随园。幼赋异禀，天资过人，乾隆元年开博学宏词科，荐举民间异能之才，当时全国被举荐者两百多人，袁枚是入围者中年纪最小的一位。乾隆四年（1739）进士，历任溧水、江浦、沭阳、江宁等地知县，颇受两江总督尹继善赏识。不过袁枚并不留恋仕途，不久就辞官家居，修筑"随园"，读书、著述、教学，优游五十年。袁枚学问深厚，与赵翼、蒋士铨合称"乾隆三大家"，尤精诗歌，与赵翼一样，是清代诗坛"性灵派"的代表人物，著有《随园诗话》。袁枚还是一位美食家，著有《随园食单》，介绍古今菜品几百种。袁枚与堂弟袁树关系颇好，袁枚在其为隐居所写的《随园记》中称"率弟香亭、甥湄君移书史居随园"[1]。可以说，袁树是他隐居生活中的重要人物。此次来到肇庆，袁枚游览了肇庆几乎所有的名胜："通家难得来杨修，招我披云楼上游。阅江宝月次第到，此间风景胸全收。"[2]披云楼、阅江楼、宝月台、七星岩、羚羊峡、鼎湖山等，都留下了袁枚的足迹。在袁树的指引下，袁枚也接触了不少端砚："宾朋棋子响西斋，奴子端坑手自揩。略见主人停画笔，又呼书吏写齐谐。"[3]

袁枚名气大，他的到来吸引了不少学者名宦前往拜访："我

① 袁枚撰，周本淳标校：《小仓山房诗文集·小仓山房文集》卷十二《随园记》，上海古籍出版社 1988 年版，第 1406 页。
② 袁枚撰，周本淳标校：《小仓山房诗文集·小仓山房诗集》卷三十《四月十六日端州杨兰坡明府刘璸华参戎彭蔼堂别驾族弟龙文公宴晚香堂》，第 795 页。
③ 袁枚撰，周本淳标校：《小仓山房诗文集·小仓山房诗集》卷三十《端州纪事诗（其九）》，第 797 页。

昔来访弟，铁树方开花。端州文武官，馈席争相夸。"① 令袁枚印象最为深刻的应该是时任封川知县的彭翥。袁枚在《随园诗话》中记载："余在端州，封川令彭翥，字竹林，云南人，以诗来见。有句云：'一官手板随人后，万里乡心入雁先。'余击节不已。竹林喜，见赠云：'盛世岁星终执戟，南华隐吏有随园。''云里筇才双足峙，鸥边舫已万花扶。'"② 彭翥调任香山（辖今中山、珠海）知县后，写信给袁枚。袁枚还特意写了一首诗回赠："阿连守端州，彭君为属吏。值我游岭南，殷勤来执贽。贻我骕骦裘，助我刊书费。闻待诸上官，情文无此挚。一别几何年，忽从都门至。官加司马衔，还问玄亭字。"③ 体现出他们两人在肇庆之会之后，往来密切，情意相投。

开坑与以工代赈

乾隆四十五年、四十七年开坑收获不多，之后肇庆府知府广玉、杨有源，高要县丞陈铨巾相继开大西洞砚坑。广玉开坑收获不少，杨有源、陈铨则收获不多。

广玉，字桂亭，满洲正白旗人，乾隆五十九年（1794）任肇庆府知府，任上主持开砚坑（包括大西洞和小西洞）。刻在水岩外砚神庙的《广玉采砚石记》为我们了解这次开坑提供了详细

① 袁枚撰，周本淳标校：《小仓山房诗文集·小仓山房诗集》卷三十六《再送香亭之广东（其五）》，第 1021 页。
② 袁枚著，顾学颉校点：《随园诗话》卷十第六四则，中华书局 1982 年版，第 353 页。
③ 袁枚撰，周本淳标校：《小仓山房诗文集·小仓山房诗集》卷三十七《后知己诗其九香山县知县彭翥》，第 1071 页。

的资料。[1] 广玉同时在大小西洞开坑，所得砚石数量巨大，合计7000多块。所费石工资金约2万两，无论是数量还是花费，都是以往所罕见，不知道他是如何做到的。根据广玉的这篇开坑记，费用是同僚集资而来的，获得砚石则根据集资的比例进行分配。而且，他们在支付石工费用上与之前不同，之前主要是"以石抵工"，按照工作总量给予一定数量的砚石作为报酬，不另付金钱。但是这次广玉则直接以钱支付石工报酬，不再给他们砚石。这种做法，值得关注。而广玉他们的资金充足、丰厚程度，实属少见。

杨有源，于乾隆五十六年（1791）、嘉庆五年（1800）两度担任肇庆府知府。陈铨，于嘉庆七年（1802）任高要县丞。据吴兰修《端溪砚史》，杨有源于嘉庆六年（1801）开坑，陈铨于道光八年（1828）开坑。[2] 不过，由于经费有限，他们未能在西洞采石，获得的砚石也不多，只有几百块，而且多是前人遗弃不要的，虽然也有鱼脑冻、青花、蕉叶白等端砚，但是颜色灰赤，品质较差。

道光十三年（1833）突发大水，西潦汹涌澎湃，滔滔不息，堤围崩决，近万间民房被冲毁，三十余万亩农田被淹没，对肇庆府城造成极大破坏。为了救济受灾民众，修复堤围、民宅，两广总督卢坤允许当地开坑采砚、以工代赈。翌年正月十日开始采石，至三月十日，"得石佳者三百余砚，有青花、鱼脑冻、蕉叶白、天青、冰纹、火捺、马尾纹、胭脂晕、石眼诸品"[3]。面对灾情，肇庆官民上下同心，大家各取所需，各方利益都得到满足。吴兰

---

[1] 马呈图等纂修：民国二十七年《高要县志》卷二十三《金石篇三·广玉采砚石记》，第1500页。

[2] 吴兰修：《端溪砚史》卷三，《端溪砚考集成》，第222页。

[3] 马呈图等纂修：民国二十七年《高要县志》卷二十五《旧闻篇一·纪事》，第1593页。

修《端溪砚史》对此也有不少记载。[①]至于如何开坑，组织什么人，用什么方式抽水，从哪条石路进入，等等，吴兰修都有十分具体的记录和说明。因为吴兰修亲历其事，所以可以写得这么详尽、具体和生动。后来，吴兰修还据此撰写了一部端砚研究专著《端溪砚史》。

吴兰修，字石华，广东嘉应州（今梅州）人。嘉庆十三年（1808）举人，博通经史，精通算学，工于诗文，藏书颇多，自称经学博士，先后担任信宜训导、粤秀书院院监。清代大学者阮元任两广总督期间，在广州创办学海堂，培养经史人才，聘请吴兰修担任学海堂第一任山长。著有《荔村吟草》《学海堂集》《南汉纪》《南汉金石志》《宋史地理志补正》等。道光十三年（1833）前后，吴兰修被聘为《封川县志》总纂，在肇庆逗留过一段时间；阮元编修道光《广东通志》时，吴兰修亦参与其中，领衔分纂之职。《端溪砚史》三卷就是吴兰修在肇庆期间，亲历水灾开砚坑之后，根据历代端砚专著及所见、所闻撰写的。在历代端砚研究著作中，是卷帙篇幅最为庞大的一部。

嘉庆、道光年间，肇庆有记载的砚坑开采不少于四次，这一时期出任两广总督的阮元、卢坤，不仅励精图治，同时还是精于端砚鉴赏和收藏的学者。道光十三年肇庆开坑赈灾，卢坤还是重要的参与者和以工代赈的端砚购买者。中法战争前后出任两广总督的张之洞，也在光绪十二年（1886）主持了肇庆砚坑的开采活动，并立《开采砚石扎文碑记》，一直保存至今。

阮元于嘉庆二十二年（1817）至道光六年（1826）任两广总督，他任职期间肇庆并无开砚坑的记录。阮元亦有《羚羊峡

---

① 吴兰修：《端溪砚史》卷三，《端溪砚考集成》，第223页。

峡东即端溪砚洞今有水不令开凿》的诗记其事：

> 端州研匠巧如神，水洞磨刀久迷路。
> 诗砚皆无迹可寻，非仙那得知其故。①

　　阮元对于肇庆的砚坑环境、端砚特质还是比较清楚的，他在肇庆写的诗歌中频频出现与端砚有关的内容，如《肇庆七星岩下校武望石砚山》《端州北岩绿砚石歌》等，同时还写有不少端砚铭，如《端溪璞石砚铭》《端溪老岩砚山铭》等。现在，广东省博物馆等单位还收藏有不少阮元使用过的端砚，砚上也刻有不少砚铭，可知阮元的端砚鉴赏水平确实如彭东原《端溪砚史序》所说的那样"咸负识鉴"。当然，阮元对端砚的关注其实只是他在肇庆的工作内容之一。可以说端砚是每一位学者名宦的重要关注对象，而不管他在肇庆工作与否。但在肇庆工作，则会让这些达官名宦对端砚的关注范围从端砚之物逐渐扩展到端砚之产及端砚之工、端砚之地。

　　其实，阮元是清代一位著名学者和国家重臣，他主持校刻的《十三经注疏》416卷、《经籍籑诂》106卷、《皇清经解》（又称《学海堂经解》）1400卷，成为后世文史研究者的必读之书。他在广东期间，又组织编纂了广东古代历史上卷帙最为浩瀚、内容最为丰富、记载最为权威的道光版《广东通志》，创建了培养经史博学之才的教育机构学海堂。他任职广东期间，正值英国商人向中国大量走私、贩卖鸦片的时候，双方剑拔弩张，

---

① 阮元：《研经室续集》卷五，《清代诗文集汇编》第477册，第680页。

争斗不休，但阮元督粤九年，"终元任，兵船不至"①。在肇庆，阮元重建了两广总督府的肇庆行台，并亲自撰写了《重建肇庆总督行台并续题名碑记》，先后多次到肇庆校阅军队，写有《肇庆七星岩下校武望石砚山》《癸未四月住阅江楼阅肇庆八营官兵》等诗歌。《乙酉春宿端州阅江楼四夜》还专门写道："端州四度阅兵来，今日春光晴后开。着眼无非好山水，高眠难得此楼台。"②阮元在肇庆校阅士兵应该不少于四次。由此可见，阮元督粤期间，不仅勤政爱民、振兴文治，还为国家抵御外敌作出了较大的贡献。因此，彭东原《端溪砚史序》将他与包拯相提并论，确实是合适不过。

而作为当时两广的最高行政官员和提请开坑的裁定者，卢坤在《端溪砚史》的序言中对开坑经过及撰写的目的和因由作了说明：

> 道光癸巳，西潦再溢，濒江庐舍，荡析离居。是冬，端州民请开砚坑，以工代振，谋于守令，皆曰善。乃于十一月二十七日汲水，正月十日采石，三月十日泉至而毕。苏子瞻云：'千夫挽绠，百夫运斤，篝火下缒，以出斯珍。'洵矣难哉！得石稍纯者，治三百余砚，分饷故人。余数十砚，他日归舟，窃比郁林石耳。石华博士，精于品鉴，成《端溪砚史》三卷。生于斯地，会逢其适，萃诸前闻，证以目验。考端石者，此其衡矣。爰记年月，以为是书缘起云。③

---

① 赵尔巽：《清史稿》卷三百六十四《阮元传》，第 11423 页。
② 阮元：《研经室续集》卷六《乙酉春宿端州阅江楼四夜》，《清代诗文集汇编》第 477 册，第 689 页。
③ 卢坤：《端溪砚史序》，《端溪砚考集成》，第 170 页。

道光癸巳，即道光十三年（1833），西江大水对肇庆造成很大破坏，当地官民同开砚坑，共赴其事，以工代赈，也是社会自治的一个重要进步。体现出砚坑并不只是官府所独有，而是肇庆府全民的共同天然资源。开不开坑，如何开坑，怎样分配，不应只由高官决定，而应该广泛征求民众意愿，获得广泛支持。所谓与民同乐，与民同利，与民相安于无事，才是最好的社会治理状态。两广总督卢坤在序中同时指出，此次开坑，他一共雕制了三百多块质量比较高的端砚。根据以工代赈的原则，很有可能他是这批端砚的最大购买者之一。而作为两广的最高地方行政长官，在价格方面可能是半卖半送，而不一定是原价购买。他个人敢于在序中明言自己有三百多块端砚，赠送之外还有几十块准备带回家乡，这表示当时的开坑行动具有较高的合法性和透明度，过程的前前后后、事情的因由和结果、端砚的去向等等，都毋庸讳言，明码标价，公开销售，民众自然接受。否则，在包拯不持一砚归的崇高官箴之下，两广总督公言自己从肇庆带走几十枚端砚，恐怕会惹起众怒，一枚端砚都无法带离肇庆。

其实，在广玉、杨有源、陈铨等肇庆官员频频开坑的这段时间，肇庆同时产生了两部著名的端砚佳作，除吴兰修《端溪砚史》之外，还有一部肇庆本土人何传瑶所写的《宝砚堂砚辨》。

肇庆本土砚家群

何传瑶是肇庆本土一位著名的砚学家，他经过长时间的积累和钻研，撰写了一部《宝砚堂砚辨》，是历代众多端砚研究专著中少有的肇庆本土人士所撰的砚书。

　　何传瑶，字石卿，肇庆府高要县人，从其父亲何英开始，他们就开始收藏、品鉴端砚。何英，字碧山，乾隆四十四年（1779）举人，"性好砚，精鉴赏古器"。①何家并不富裕，但十分珍视砚台，在宝月台附近建有肇庆当地著名的藏砚之所"宝砚堂"。在父亲的深刻影响之下，何传瑶自小也嗜砚、访砚、藏砚，并精于端砚鉴别。后来，何传瑶继承了宝砚堂，宝砚堂的规模、名气越来越大，逐渐成为肇庆乃至广东都颇有影响力的重要藏砚之所。高要县知县童光晋还为何传瑶写过一篇《宝砚堂记》，文中称赞何传瑶"恂恂儒雅，有贤父风。读书课子，间或以医活人。"在童知县看来，何传瑶继承的不只是几方砚台，而是传统士人所提倡的仁爱，好学等优良品德，"是真笃守砚田，克有其宝者"。②当然，作为当地有名的藏砚楼，宝砚堂还是有宝的，其中两方砚为万历年间制。

　　宝砚堂汇集了当时肇庆的众多名流，高要县知县童光晋为其写记，端溪书院院长冯敏昌为其书额，广东学政戴熙为其赋诗，可谓盛况空前，为清代肇庆砚界盛事。鉴于"自宋以来，砚谱砚说如林。然按，水岩开于万历二十八年，则从前之说，断难尽合于今后矣。明季迄今，人自为书，家自为说，非者是之，是者非之，无怪乎《通志》讥其以耳为目也。间有言之稍当，第于精者详之，粗则略之。至于真赝之辨，尤罕有及者。亦知辨砚之难，不难于识精粗，而难于决真赝乎？"何传瑶根据三代人在肇庆居住、访砚、藏砚、鉴砚的经验所得，并借鉴、辨析历代以来相关端砚著

---

① 黄登瀛编，宋继刚、唐碧红标点：《端溪诗述》，岳麓书社2015年版，第220页。
② 马呈图等纂修：民国二十七年《高要县志》附志下篇《文征二》童光晋《宝砚堂记》，第1838—1839页。

作，撰写了端砚鉴赏专著《宝砚堂砚辨》。① 这部《宝砚堂砚辨》，参照历代砚书及有关砚家论说，证以砚坑近况，重在梳理砚坑的古今源流，辨析砚材的真伪精粗，可以作为鉴别端砚的宝典。

何传瑶《宝砚堂砚辨》有序多篇，第一篇为广东学政戴熙所写。戴熙，字醇士，浙江钱塘人。道光十二年（1832）进士。十八年（1838）入直南书房，旋即出任广东学政。二十五年（1845）复任广东学政，二十八年（1848）升任兵部侍郎。复任广东学政期间，正是英国刚取得鸦片战争胜利，谋划在中国获得更多利益的时候。当时广州官民抵抗英军入城，但是英军屡屡来犯，清廷不胜其扰。由于在广州生活时间长，戴熙对敌我情况都有所了解，于是他向道光皇帝献策。没想到道光皇帝惑于总督徐广缙、巡抚叶名琛的言论，对戴熙的真实汇报十分不高兴，后来还因其他事情将他革职。咸丰年间，太平天国事起，戴熙在杭州举办团练，协助守城。后来，杭州城被攻破，戴熙夫妇与弟弟戴煦、外甥王朝荣，同时殉难，被追赠尚书衔。戴熙在道光十九年（1839）到肇庆主持录遗考试，他之前已认识何传瑶的父亲何英，但真正认识何传瑶则在这次主持考试时。戴熙见到故人之子，颇为欣喜，现场拿出七枚砚让他品评。何传瑶侃侃而谈，展现出对砚石的深入见解，令戴熙很满意。② 可知戴熙也是懂砚之人。

《宝砚堂砚辨》第二篇序为肇庆府学训导黄培芳所写。黄培芳，字香石，号粤岳山人，嘉庆九年（1804）副贡生，广东香山人，明代著名理学家黄佐后人。黄培芳博学多才，著述宏富，是清代中期广东诗坛"粤东三子"之一，又为书画界"粤东七子"之一，曾任道光《肇庆府志》主修，修有《香山志》《新会县志》，

---

① 何传瑶：《宝砚堂砚辨跋》，《端溪砚考集成》，第 89 页。
② 戴熙：《宝砚堂砚辨序》，桑行之等编：《说砚》，第 669—670 页。

著有《岭海楼诗文钞》《香石诗话》等。编修道光《肇庆府志》期间，黄培芳造访宝砚堂，得以结识何传瑶。黄培芳恭维何传瑶家学相承，即使是经验老到的砚工，也逊其一筹。也是在黄培芳鼓励下，何传瑶才编写《宝砚堂砚辨》。黄培芳称赞此书"义例甚善，大体仿《山海经》之四山，分为四洞，而以各杂岩相类者分附焉"③。何传瑶在肇庆土生土长，又有家学优势，多次亲历砚石开坑，同时可借鉴此前刊刻的多种端砚研究专著，因此对端砚研究有得天独厚的优势。至于黄培芳，也因为在肇庆任训导，且参与编纂道光《肇庆府志》，同时结交了何传瑶这样的专业砚学家，对端砚的辨析、鉴赏等颇有独到见解，也收藏了一些端砚，还有几枚保存至今，广东省博物馆就藏有"清黄培芳款端石抄手砚"，十分珍贵。

《宝砚堂砚辨》第三篇序为状元林召棠所写。林召棠，字爱封，号苇南，谥文恭，广东吴川人。道光三年（1823）状元，授翰林院修撰，任陕西乡试正主考官。由于不惯官场献媚作风，林召棠没多久就辞职回乡。道光十三年（1833）至二十八年（1848），林召棠被聘为端溪书院山长，任职长达十五年。任满之后，林召棠回到家乡，从此再没有外出任职。林召棠读书刻苦，不慕名利，清贫自守，而且为人正直，乐善好施，任职端溪书院期间为肇庆培养了许多人才。林召棠与林则徐颇为相得，林则徐奉旨前往虎门销烟时，林召棠为其提供了不少建议和良策。④林召棠起初对端砚并无专门研究，也不太懂分辨砚之优劣。之前他的朋友经过肇庆时帮他买了一块普通端砚，他使用十多年之后依然觉得十分适用。道光十四年（1834），他在肇庆，适逢开水岩取砚石。他

---

③ 黄培芳：《宝砚堂砚辨序》，《端溪砚考集成》，第77页。
④ 林召棠：《宝砚堂砚辨序》，《端溪砚考集成》，第77页。

身边的文人墨客，只要相聚在一起无不谈论端砚。可以说，林召棠的生活、工作，几乎就处在谈端说砚的环境之中。久而久之，他逐渐对端砚产生兴趣，甚至对端砚爱不释手、孜孜以求。肇庆当时品鉴端砚的专家，"尤推石卿所宝为冠绝"。基于端砚这一共同爱好之下，林召棠与何传瑶成了砚友、好友，他也在不断观摩、品鉴、切磋中，日渐加深了对端砚的认识。林召棠在肇庆十五年，写了不少砚铭，收藏了一些端砚，还专门有一篇《砚铭序》总括其事。①

《宝砚堂砚辨》另有一篇高鸿写的序。②从高鸿的记载可知，他本来就很喜欢端砚，买到端砚之后都会时时把玩，还想品鉴其特点。道光十二年（1832）到肇庆工作之后，适逢水灾开坑代赈，他高价购买了大批端石，加上端州的朋友赠送，算起来竟然有几十斤，于是召集砚工雕制。在雕制端砚的过程中，他也搜求相关资料，仔细学习、辨析端砚的品种和特质，鉴赏端砚的水平逐渐得到提高。在看到何传瑶的《宝砚堂砚辨》之后，他获得了更为详尽、专业的介绍，志趣相得的两人结为很好的砚友。由此可知，凡是到肇庆工作的官员或者学者，只要粗通文墨，有志于文史者，往往被端砚所吸引。如果适逢开坑，则更是满心欢喜，无不倾囊觅选佳砚。与此同时，他们也会在选购、品鉴端砚的过程中，结交砚友，请教砚工，不断学习辨析端砚的知识，提升鉴赏端砚的能力。可以说，只要在肇庆工作足够长的时间，几乎所有文人墨客都会成为端砚的爱好者和鉴赏者。

《宝砚堂砚辨》还有一篇跋，作者跟何传瑶一样是土生土长的肇庆人，他就是高要人黄登瀛。黄登瀛，号液洲，嘉庆间拔贡生。

---

① 林召棠：《心亭亭居文存·砚铭序》，《清代稿钞本》二十七册，第518页。
② 高鸿：《宝砚堂砚辨序》，《端溪砚考集成》，第79页。

黄登瀛跟从同县举人莫元伯学习，又到端溪书院深造，很小的时候就名声卓著，受到两广总督百龄的赏识。民国二十七年《高要县志》称县中事务全赖他主持。黄登瀛除编纂道光《高要县志》，另著有《圣庙辑略》《端溪书院志》《端溪诗述》《文述》。①他与端溪书院的山长、教员、同学等往来颇多，关系颇好，他去世之后，端溪书院山长林召棠亲自为他撰写了传记。黄登瀛治学严谨，为了编纂《高要县志》，了解砚坑的情况，他访问、请教了很多石工，但是结果并不如意，每个人的说法都不尽相同。当他看到何传瑶《宝砚堂砚辨》专业、清楚的解释之后，他才豁然开朗，因此给予了该书很高的评价。

清代中后期肇庆本土砚家，除了何传瑶、黄登瀛之外，还有高要罗瑗。罗瑗，字玉符，砚洲乡人，家境殷实，而好学重名节。其所交游者多名士，尤与彭泰来相交甚厚。彭泰来，字子大，拔贡生，工于诗文，所写诗歌颇有杜甫、韩愈之风，曾与黄登瀛一起纂修《高要县志》。罗瑗家中收藏了许多精美端砚，居住的地方更以"子石"来命名。在高兆《端溪砚石考》中还出现了一位"砚叟廖子理"，他曾与"岭南三大家"屈大均、陈恭尹、梁佩兰一起在端州崧台品鉴砚石。由于资料缺乏，不详其生平，不知道他是不是也是肇庆本土的砚家。另据光绪十二年（1886）《张之洞开采砚石扎文碑记》，上有"匠人梁念忠"，他应该是黄冈村比较出名的砚工。广东省博物馆藏"清千金猴王砚"，上有款铭"郭兰祥作砚，项信南刊字"，郭兰祥也是光绪年间肇庆的制砚工匠。

---

① 马呈图等纂修：民国二十七年《高要县志》卷十八下《黄登瀛传》，第1102页。

端溪书院端砚会

作为明清肇庆的最高学府，端溪书院一直是肇庆官员举行各种文教活动的重要场所。这些官员，尤其是本地学者，平时亦多在端溪书院相聚，共同切磋文艺。端溪书院是肇庆的人文中心，同时也成为端砚鉴赏和传播的重要纽带。肇庆的许多端砚收藏家、学者带上端砚佳作，到端溪书院与同道之人共同品鉴。前有沈廷芳、全祖望、何梦瑶，这时又有林召棠、冯敏昌、张岳崧等。

冯敏昌，字伯术，号鱼山，广东钦州（今属广西）人。得到广东学政翁方纲的赏识，以拔贡选入国子监读书。翁方纲是清代著名金石学家、诗学家，倡导"肌理说"的诗学理论，在文坛具有举足轻重的地位。冯敏昌的诗歌造诣也很高，被称为"岭南三子"。冯敏昌乾隆四十三年（1778）考上进士，嘉庆四年（1799）至九年（1804）任端溪书院山长。之后历任广州越华书院、粤秀书院山长，为广东培养了很多人才，对广东学风也有很大影响。童光晋《宝砚堂记》中"冯鱼山编修为书额"，林召棠《宝砚堂砚辨序》中"冯鱼山前辈谓可作砚史者"提到的这位称赞何传瑶宝砚堂和端砚鉴赏才能的冯鱼山，就是冯敏昌。冯敏昌与何传瑶的来往始于冯敏昌与其在端溪书院的弟子何元一起拜访何英，准备观赏他的水岩端砚，写有一首《随鱼山师登披云楼，寻宝月台旧址道，访何武举英，观所藏水岩旧砚》的诗。

张岳崧，字子骏，琼州府定安县（今属海南）人。曾在广州粤秀书院学习，受到冯敏昌的赏识。嘉庆十四年（1809）探花，被誉为"海南四大才子"，官至湖北布政使，主持纂修道光《琼州府志》。张岳崧与林召棠一样，支持和协助林则徐虎门销烟。

嘉庆二十至二十一年（1815—1816），任端溪书院山长。上海博物馆收藏了一枚何传瑶收藏过的"丁敬二十八宿砚"，上有多行砚铭："道光庚子春，端江试毕，得观石卿茂才所藏丁征君二十八宿砚。钱唐戴熙记。""王云锦、杨霈、赵亨衢、林召棠同观于端溪讲院。""宝砚堂珍藏。岳崧题。"紫檀盒盖："芭蕉质，冰玉纹。青花点，凤眼神。胸有象，罗星辰。永宝守，超尘群。宝砚堂主人属题，定安张岳崧。"①道光庚子，即道光二十年（1840），正是第一次鸦片战争爆发的时间，戴熙是广东学政，王云锦是分巡肇罗道，杨霈是肇庆府知府，赵亨衢是高要县知县，林召棠、张岳崧都是端溪书院山长，石卿就是何传瑶。据砚铭"同观于端溪讲院"，可知他们七人在端溪书院一起品鉴这枚端砚。可以说，道光二十年，广东学政、分巡肇罗道、知府、知县、院长等群贤毕至，在端溪书院举行了一场盛大的端砚品鉴会，所品鉴的就是何传瑶的藏砚。这一方面反映了肇庆各级官员对端砚的重视程度，另一方面也体现了何传瑶所藏端砚的价值非常高，以及何传瑶在广东、肇庆一众高官名家眼中的地位。他们十分认可何传瑶的端砚鉴赏能力，并赞许他所收藏的这枚端砚。何传瑶这枚端砚，根据铭文，最初为著名篆刻家丁敬所藏；何传瑶之后，又为广东巡抚吴大澂所藏，现在则被上海博物馆收藏。

事实上，端溪书院不仅是端砚品鉴之所，还是政府"禁盗羚羊峡砚石"的石刻存放之处。道光二十一年（1841），中英第一次鸦片战争期间，英国派军舰侵占珠江内河。为了阻止军舰驶入，广东绅士商议，在山上凿取石头，填塞河道。但是，肇庆的一些不法石匠捕风捉影，扭曲事实，说是要在羚羊峡取石，因为靠近

---

① 上海博物馆编：《惟砚作田——上海博物馆藏砚精粹》，上海书画出版社2015年版，第108—113页。

河边，方便运输。他们还未等官府发布牌示就已经驾船到羚羊峡采石。表面上是采石，实际上是偷窃砚坑。高要知县陆孙鼎迅速采取行动，派兵前往禁止，并禀告两广总督祁墳，祁墳随即勒令禁止，同时在羚羊峡、端溪书院刻石。咸丰九年（1859），中英第二次鸦片战争期间，英国军舰首次进入西江河段，肇庆戒严。英军在羚羊峡附近航行了一日，没有发生冲突就驶离了肇庆。咸丰十年（1860），不法石匠又趁着战争的紧张局势，准备开挖羚羊峡砚坑。高要县张县令找出当年的石刻批示，重新公布，才让不法石匠作罢。至于七星岩的白端石，万历二十七年（1599）两广总督戴燿已在七星岩石室山外勒石，"泽梁无禁，岩石勿伐"，但仍是有不法之徒违禁盗采。对此，官府同样明令禁止，高要知县陆孙鼎将禁伐的石刻存放在端溪书院。禁采砚石的石刻立在端溪书院内，原因可能有二：一方面，端溪书院就在府署旁，方便大家查看。另一方面，端砚事关文运，端溪书院正是肇庆文教中心，两者关系密切。勒石其中，也是彰显文运的一种寄予和期盼。

张之洞开坑勒石

对于开砚坑还是封砚坑，肇庆士商历来存在较大争议。为了妥善解决这个问题，两广总督张之洞于光绪十二年（1886）立了一块《开采砚石扎文碑记》，对相关问题做了明确裁定。清朝确立对全国的统治后，官府每年都在肇庆开采老坑砚石，雕制成砚，作为贡品，上呈朝廷。这种以进贡为目的的开坑采石，应该规模不大，是小范围作业，采石数量不会很多，以达到贡品数量即止。不过，采石地在羚羊峡，制砚地在黄冈村，两者之间有时存在矛盾和争议。如砚坑附近的居民常以开坑破坏风水、毁坏羚羊峡堤围及影响河岸的纤道为由反对开坑。实际上，经官府查明，砚坑虽在羚羊峡，但并不在河道旁边，而且只是一个小小的洞穴，对周围环境并无太大影响。砚坑附近居民之所以反对，其实醉翁之意不在酒，而在于采砚石的所得分配问题，他们是想从开坑这个事上面获得更多的收益。于是张之洞重新核定了开采砚坑的收成分配比例。开采砚石的收益，地方绅士和开坑砚商五五分成。地方绅士分得的五成，并不是给他们的报酬，而只由他们代管，作为端溪书院的教学经费。开坑需要人力、物力等花销，组织开坑的砚商分得的五成，由他们按劳分配给参与开坑工作的石工和管理人员。这样就账面清楚，各司其职，各得其益。张之洞还要求各级衙门免除开坑所需的手续费，大小官吏不得私下接受砚台馈赠或索要金钱。进一步保证了开坑过程不受各方干扰，确保开坑收益的分配不受侵夺。值得注意的是，碑文说到"以地方之出产，为地方之公用"，体现出一种良好的利民精神：作为端砚的原产地，端砚的生产、制作、销售所产生的收益，应该回报肇庆社会，让肇庆从中获得增益和提升。而这种回报和提升主要体现在教育事业上——拨充端溪书院经费。

端溪书院是肇庆的最高教育机构，也是达官名宦、名人学者会文赏砚之所，更是肇庆开采砚石规章碑文的立石之地。端溪书院的蓬勃发展，也就是肇庆文教事业的最好体现。地方出人才，科举有功名，所谓"黄冈沙头圆，肇庆出状元"，就是肇庆社会的最大提升。而作为文房用品的端砚，其行业发展固然要依赖文教的昌盛、科举的繁荣。因此，端溪书院人才济济，频频高中，必然会带动肇庆社会的文教事业发展，文教事业的进步又必然推动端砚行业的长足发展。这也进一步反映了肇庆科举与端砚发展的密切关系。虽然开砚坑不一定就能提升肇庆考中科举者的数量和级别，如明末清初的乱世开坑、高官和奸商的私自偷挖，并没有为肇庆社会带来什么提升，反而有恶劣的影响。但是，端砚在外界流播和获得赞誉，确实会让外界的文人学者更乐于到肇庆来任职或者工作，肇庆也会得到外界的认识和重视。这些文人学者、达官名宦的到来，必然会带动肇庆文教事业的发展，如宋代包拯、周敦颐、米芾、黄公度，明代陈献章、王守仁、方以智、施润章，清代潘耒、全祖望、赵翼、何梦瑶、袁枚、冯敏昌、林召棠等等，他们为肇庆的文治、文教发展积聚了宽广而深厚的力量，从不同角度推动着肇庆社会的整体发展和提升。

另据民国二十七年《高要县志》记载："光绪十六年冬十二月，知府张曾扬开坑采砚。"[1] 由于缺乏资料记载，这次开坑的具体情况暂时未知其详。

纵观清代肇庆端砚行业的发展情况，有六个主要方面值得关注。一是开坑越来越有章法和规范，二是开坑之后多有端砚方面的研究专著出现，三是不少名人学者到访肇庆并与端砚产生关联，四是与端砚有关的诗文反复强调包拯"不持一砚归"的廉洁精神，五是肇庆本土砚家群体逐渐增多。这些情况表明，清代肇庆端砚行业已经发展到一个非常高的水平，肇庆的社会治理也更加有条理和规范，砚坑的开采也更加顾及社会各界的利益。不过，到了清末，外有列强侵略，内有军事纷争，社会再次陷入失序的边缘。以往许多既成制度、既有做法遭到冲击。一些不法之徒借局势混乱之机，逞一己之私、一时之快，妄图乱成法、开砚坑，从中牟取厚利。最终，随着科举制度在清末被废除，外国的新式书写文

具的大量涌入，传统文教根基、笔墨纸砚的传统书写方式遭受强烈冲击，端砚行业也受到牵连，出现了无可逆转的短暂低迷，一直持续到最近几十年才得到恢复和振兴。由此可见，国运兴则文教兴，文教盛则端砚盛，世事浮沉，文运隆降，端砚与有系焉。

结语：成败在一砚，砥砺谱新篇

肇庆是端砚的原产地，砚坑遍布端州，其中尤集中在羚羊峡之内，以水岩石质最好，旱砚石质差强。端砚的主要制作地则在毗邻羚羊峡的黄冈村。"县境羚羊峡产砚，遣其掾采石，日役黄冈村夫匠无算，篝火入岩穴。"[①]顺治年间清朝的两位藩王趁明清易代之际恃强权开凿羚羊峡砚坑，找的即是黄冈村工匠。黄冈史上亦称黄江，现在则习惯称作黄岗。据明末清初屈大均的《黄冈》诗自注：："黄冈在羚羊峡西，村人以采岩石为业，凡有五百余家。"又据清代四会知县黄任的《叠前韵奉柬余田生京兆（其十四）》自注："黄冈制砚数千家。"[②]再据宋代蔡襄的《砚记》："端州崔生之才，居端岩侧。家蓄石工百人，岁入砚千数。"[③]可见肇庆黄冈村的端砚制作之盛、规模之大，少有地方能出其右。端砚声名鹊起于唐，至宋而擅名全国，明清则名满天下。随着清末民初科举制度的废除，端砚一度走向没落。近年来，国家发展繁荣昌盛，肇庆端砚行业积聚寻求多元化的发展路向，提升审美观念和技艺水平，不断优化生产组织，开拓市场，同时受到社会各界的重视，传承有人，制度有保障，入选国家级非物质文化遗产名录，端砚发展呈现繁荣态势。肇庆端砚行业的发展，与文运的兴衰、文教的浮沉息息相关。文运振起，文教昌盛，端砚发展自然兴旺。

---

① 屠英等修，胡森等纂：道光《肇庆府志》卷十七《杨雍建传》，第 595 页。

② 黄任：《秋江集》卷三《叠前韵奉柬余田生京兆（其十四）》，《清代诗文集汇编》第二百五十四册，第 372 页。

③ 蔡襄：《端明集》卷三十四《砚记》，《景印文渊阁四库全书》第 1090 册，第 632 页。

肇庆历代的社会治理，除了常规的治安、农耕、粮税、城建、科教、救灾等工作之外，还需处理好与端砚的取受关系。端砚自唐至清，一直作为贡品，上献朝廷，很受重视。而砚坑的开挖或者封闭，端砚的收受或者推却，都会成为肇庆社会各界的焦点事件，受人瞩目。处理得好，则赞誉千古，秩序井然，百姓安居。处理不好，则毁誉诟骂，社会失序，群情汹涌。历史上任职肇庆的官员，或以治砚有方，而流芳后世；或以贪砚成性，而遗臭万年。官员对端砚贪得无厌的做法有很多种，如私自占有砚坑、毫无节制地开坑、不择精粗地开坑、夜晚开坑，或者奴役砚工、捶杀砚工、欺行霸市、破家取砚，等等，无不通过各种各样的手段极大限度地攫取砚石资源。官员对端砚的管治良方则往往只需要一种，那就是"不持一砚归"的高贵却砚之举。

自从宋代包拯治端"不持一砚归"之后，历朝历代任职肇庆的官员，无论是清官或是贪官，还是平平庸庸的不贪不清之官，都会自觉不自觉地想到包拯的这种做法。文人学者，更是如此，包拯的清廉高尚，是他们对端砚、对肇庆印象最为深刻的认识。这种对端砚的认知，从宋代开始，历经明、清，乃至于现在，无不频频被反复提及。可以说，"不持一砚归"已经转化为肇庆文化精神的重要内涵，深深地影响着每一位居住、工作在肇庆的人。

其实，早在唐代已经出现了官员廉正的却砚之风，如唐中宗神龙年间，宰相韦承庆被贬"高要尉，有馈紫石砚者，置案上。岁余，起辰州刺史，以前砚还之"①，开启了宋代包拯的"命制者才足贡数，岁满不持一砚归"②的廉洁却砚之风。包拯之后，著名哲

---

① 郑一麟修，叶春及纂：万历《肇庆府志》卷十七《韦承庆传》，第 333 页。
② 脱脱：《宋史》卷三百一十六《包拯传》，第 10315 页。

学家周敦颐对端州知州杜万石恶劣行径的惩治，限定仕于端州者，离开时只能带走两枚端砚，传为千古美谈。南宋淳熙年间，进士马睎骥"知肇庆府，留心佐政，有潜以奇砚献者"[1]，却之不受。至于明代，嘉靖年间，朱节将任职肇庆府知府，问政于著名理学家湛若水，湛若水回复："岂不闻前文人之风，有仕于斯地，不持一砚而归者乎！……扩充一砚之操以为之本焉，其于庶政之修举也何有？"[2]

到了清代，"不持一砚归"的官箴更是频频出现在到肇庆任官、工作、游历的名宦学者文中。顺治年间，高要县知县杨雍建，有人"以砚奉，却不受，人比之包孝肃。"[3]康熙年间，四会知县钮琇《粤觚上》："人不持一砚，包孝肃之清风，岂能复继？"[4]雍正年间，四会县令黄任："归日，惟端坑石数枚，……至掷砚沙，曰：'人生不可有嗜好，吾有砚癖，惭见此君矣！'命榜人拿舟从他路去。"[5]诸如此类，不胜枚举。包拯在宋代所树立的廉洁品格，在几百年后的清朝得到了隔代呼应，多若繁星，照临肇庆。再如道光年间水灾，肇庆开坑采砚，以代工账；光绪年间，张之洞为开采砚石，广纳众议，立碑裁定，"以地方之出产，为地方之公用"等等，无不彰显出端砚在肇庆社会发展中所起到的重要作用。只要处理好端砚与官民取受之间的关系，坚守与民同利、以砚惠民的廉洁情操，肇庆的端砚行业必然会蓬勃发展，肇庆的文教事业必然会青云直上，肇庆的社会民生也必然会繁荣昌盛！

---

① 黄佐：《广州人物传》卷六《马睎骥传》，《四库全书存目丛书》第90册，第476页。
② 湛若水：《甘泉先生文集》外篇卷五《送太守朱君之任肇庆序》，《明别集丛刊》第1辑第83册，第674页。
③ 屠英等修，胡森等纂：道光《肇庆府志》卷十七《杨雍建传》，第595页。
④ 钮琇：《觚剩》卷八《粤觚下》，《续修四库全书》第1177册，第93页。
⑤ 屠英等修，胡森等纂：道光《肇庆府志》卷十七《黄任传》，第595页。

　　最近几十年来，端砚在国家高速发展的潮流下确实得到了长足的进步，呈现出繁荣发展态势，广泛得到了国内外文化界的关注和推崇。作为中国古代文房四宝重要代表的端砚，承载着厚重的中华优秀传统文化和美德，多次在不同的场合被作为国礼赠送给中国的友好邻邦，见证着国家的强盛，缔结着深厚的情谊。1978 年邓小平出访日本，将"周总理诗词端砚"赠给了日本。2008 年胡锦涛访问日本，又将"中华图腾端砚"送给了日本首相。2012 年第四轮中美两国元首战略经济对话，端砚也是赠送给美国来宾的国礼之一。2022 年习近平访问哈萨克斯坦，在送给哈萨克斯坦总统的几件国礼中也有一份端砚。同时，在国内举办的一些大型国际体育盛会，如 2008 年的北京奥运会、2009 年的广州亚运会，端砚也作为贵宾礼品赠送给各国体育代表团，成为向全世界传播中国优秀文化的重要媒介。不仅如此，肇庆砚工制作的一些端砚还被人民大会堂、北京故宫博物院等重要场所收藏、展览，展现出当代端砚精美的制作和高超技艺，以及社会各界对端砚的认可和肯定。

　　由于端砚历史悠久，底蕴深厚，技艺精湛，2004 年端砚被列为国家地理标志产品，2006 年"端砚制作技艺"入选我国第一批非物质文化遗产名录，端砚的制作与生产受到了社会的高度认可和关注。制作端砚的砚石产自肇庆，是一种天然的、不可再生的稀缺资源，如不加节制地开采、无序地滥采、恶意地盗采，终有资源枯竭的一日，这对端砚的生产、技艺的传承，将是莫大的打击。因此，为了保护端砚制作的可持续发展，从 1998 年开始，肇庆市政府根据国家有关法律法规，及时采取有效措施，对老坑、坑仔岩、麻子坑等三大名砚坑进行封闭，不准开挖。2000 年，又禁止开采其他名坑。2003 年，对市内砚坑实行全面封闭。

2018 年，广东省第十三届人民代表大会常务委员会批准了《肇庆市端砚石资源保护条例》。从此，肇庆境内的珍贵砚石得到了有效的保护，端砚的传承和发展得到了有效的保障。目前已开挖的砚石保有量，据端砚业界统计，可以满足当前砚工、砚厂 300 年的生产需求，并不会对端砚发展造成影响，反而在相关政策的保护和科学、有序的使用下，端砚的发展、开发、利用，更加突显了其规范性、珍稀性和人文价值。现在，肇庆的几十个砚石名坑都封住了洞口，禁止开采。而在羚羊峡东岸的老坑、坑仔等坑洞四周，则被科学地开发成有体系的"紫云谷"名胜景点，供游客参观、游玩，并一起感受这份从远古传承到当下的端砚文化魅力，守住大自然恩赐的深厚文化遗产。

近几十年肇庆端砚行业的长足发展，以及肇庆市对端砚的保护、推广得到了社会各界的高度认可。2004 年，中国轻工业联合会、中国文房四宝协会授予肇庆"中国砚都"的称号。这是全国唯一的一个"中国砚都"，也是中国四大名砚生产地中唯一的获得者。2006 年，"端砚制作技艺"入选我国第一批非物质文化遗产名录之际，作为扎根肇庆、为肇庆社会经济文化服务的公办本科大学，肇庆学院设立了"'端砚制作技艺'申报世界非物质文化遗产前期研究课题"，邀请了大批专家、学者、制砚名家、政府工作人员、学生等，对端砚行业、名家、名砚、名坑等情况进行了全面的调查、梳理，出版了《"端砚制作技艺"申遗专刊》，为端砚申请世界非遗做了大量坚实的基础工作。因此，肇庆学院的校园也被称为"砚园"，传承着肇庆端砚的文化底蕴和研究基因。后来，为了进一步推动端砚行业多元化的发展和传播，肇庆市端砚文化旅游村开发有限公司在白石村选址打造了集商旅、展览、科研于一体的"中国砚村"。中国砚村内，有中国端砚博物馆、名家端砚艺术馆、端砚文化园等场所。2015 年，中国砚村已成功举办"第 36 届全国文房四宝艺术博览会"。砚都、砚园、砚村，肇庆端砚的发展和传播是多维度和多方面的。

为了继承肇庆原有的端砚行业组织，以及规范端砚行业的良性发展，肇庆砚界于 2001 年成立了肇庆市端砚协会。为了进一步在肇庆市外推广端砚文化，整合砚界之外的社会各界力量，砚界同仁又于 2016 年成立了广东省端砚协会。在两个不同层次的端砚协会的积极推动和倡议下，肇庆端砚行业发展越来越有组织性、规范性和社会接受度。与此同时，肇庆学院为了满足肇庆市经济社会发展的需求，在教师已有端砚科研成果的基础上，积极探索端砚文化产业发展和培养高层次砚雕人才的路径，2010 年开设了"端砚制作技艺培训班"，2008 年建立了"广东省砚文化研究基地"，2013 年创办了"艺术设计（端砚雕刻方向）"成人高等教育大专班，2014 年全日制工艺美术（雕刻方向）本科班开始招生。肇庆学院博物馆，还先后多次举办了与端砚有关的展览，为砚园学子营造了便利的观赏机会，培养他们的砚都文化情怀。2016 年，广州大学美术与设计学院举办了"肇庆端砚技艺培训班"，专门培养端砚雕刻、研究人才，并出版了《2016广州大学肇庆端砚技艺培训班教学成果集》。肇庆端砚在广州知名高校、肇庆本土高校的高度重视和学术支持下，壮大了科研队伍，增强了研究的理论性，为端砚的长远发展注入了生生不息的强劲动力。

由此可见，肇庆得天独厚，地理位置优越，山川之间蕴藏着珍贵的砚石资源，过往千年缔造了辉煌的端砚发展史，包拯的廉正清风、周敦颐的清正风骨、陈献章的逍遥物外、阮元的勤政爱民，名山、名砚、名人、名事，无不扣人心弦，使人神采飞扬。如今还承继千年绝技，保护地蕴山藏，培养高端人才，激发市场活力，提高生活品质，铸造美丽多姿的砚都，焕发端砚的悠久魅力，为城市添彩，为国家争光。

后　记

　　作为《广府文库》（第二辑）的其中一部，《黄冈端砚》的顺利撰写和出版，得到了广东省广府人珠玑巷后裔海外联谊会的大力支持。

　　在写作过程中，我们先后到广东省博物馆、肇庆市博物馆、中国端砚博物馆、紫云天工端砚艺术馆、紫云轩端砚文化艺术馆、梁焕明端砚艺术博物馆、白石村、宾日村、中国砚村等地进行了多次实地考察；拜访了肇庆市博物馆馆长黄文豪、副馆长程茵，广东省端砚协会会长王建华，中国工艺美术大师梁佩阳，中国文房四宝制砚艺术大师程柱开，中国端砚博物馆馆长陆烨等，得到了他们的热心帮助和耐心讲解。

　　对于我们来说，端砚是一个全新的研究课题，每一个环节都充满难度和挑战。但是，我们对端砚又并不陌生，在肇庆工作的四年多以来，我们几乎每天都耳濡目染端砚文化。清代道光状元、端溪书院山长林召棠就曾经指出，在肇庆"挥毫之士，聚必语砚"，但是"嗜砚而不蓄者，无辨砚之识，无购砚之力，而又无笔精墨妙以发其英华"，清代康熙年间高要县志令钮琇在其所著《粤觚下·石言》中也表示过同样的感叹。因此，这次撰写《黄冈端砚》是我们对端砚重新学习的一个重要过程，让我们有机会接触到各种各样的端砚，了解端砚的古今发展情况，认识端砚的深厚文化内涵。同时，迫使我们搜集、整理了有关端砚的大量文献资料，尤其是历代《肇庆府志》《高要县志》中所记载的端砚史料，考察了历代到肇庆任官、工作、游历的名人学者与端砚有关的事迹，翻阅了大量与端砚有关的历代研究专著。肇庆历史上与端砚有关的这些人和事、精神和著作、遗物和名胜，无不让我们深受鼓舞，肃然起敬，获益良多。遗憾的是，我们未能亲到砚坑进行实地考察，端砚鉴赏和砚石辨析的能力还十分薄弱和有限。因此，本书更倾向于端砚史实的梳理和内涵的探究，而甚少深入论述砚坑的特征和端砚的技艺。不过，在写作过程中，我们始终坚持言出有据、无征不信的原则，尽量做到根据材料如实描述肇庆端砚的古今发展情况，梳理肇庆与端砚有关的重要人物和事迹，积极探讨端砚所呈现的各种文化内涵和时代精神。

本书的顺利完成，得到了不少单位和专家学者的帮助。肇庆市政协文教卫体委员会原主任欧荣生，为我们撰写《黄冈端砚》提供了各种便利和帮助，还亲自带我们走访了与端砚有关的许多单位和专家。程柱开大师给我们提供了《肇庆岗尾福兴公黄岗仕桂公世系表》《肇庆学院青年："端砚制作技艺"申遗专刊（合订本）》等文献，以及很多端砚研究资料的线索。程茵副馆长给我们找出了肇庆市博物馆所藏端砚大师程文的有关资料，同时也提供了不少研究线索。肇庆市博物馆梁颖瑜主任、中国端砚博物馆翠霞主任，协助、提供了不少端砚图片。广东人民出版社总编辑钟永宁、岭南文库编辑部主任夏素玲，亲自到肇庆了解《黄冈端砚》写作的计划和进度，在选题、思路、框架等方面提供了许多建议和鼓励。易建鹏、饶栩元两位编辑为本书的编校做了大量辛勤的工作。肇庆学院历史系 2021 级学生唐腾添、李泳棋，2020 级学生余凯欣，跟我们一起进行端砚文化调查，整理了不少有关端砚的文献资料，参与了 2022 年肇庆学院大学生暑假三下乡"考端溪砚工传承，焕端砚文化新生"的社会实践活动，走访了不少地方，让我们对肇庆端砚行业的发展有了比较充分的了解和认识。在此，对曾经帮助过本书写作的各个单位及各位领导、专家、友人致以真挚的感谢！

由于我们的能力有限，对肇庆端砚的认识还不够详尽和深入，端砚文献资料又比较庞杂和分散，撰写时间也比较紧迫，本书难免出现一些不足和疏漏，敬请各位方家、读者不吝指正和赐教！

吴劲雄

二〇二三年六月，于肇庆学院西江艸庐